나는 옐로에 화이트에

약
간
블
루

나는 옐로에 화이트에

약간 블루

브래디 미카코 지음 김영현 옮김

차별과 다양성 사이의 아이들

다다
서재

차
례

들어가며　07

'구 밑바닥 중학교'로 향하는 길　13

완전히 새로운 세계　30

'배드'한 랩이 울리는 크리스마스　48

스쿨 폴리틱스　66

누군가의 신발을 신어보는 것　82

수영장의 이쪽과 저쪽　99

친구에게 교복을 건네는 방법　116

쿨하게 스쳐 간 내셔널리즘　133

지뢰밭 같은 다양성 월드   150

엄마의 나라에서   169

미래는 너희들의 손에   187

다시, 어디에선가   204

괴롭힘과 개근상의 관계   221

지금은 정체성 몸살 중   239

참을 수 없는 존재의 격차   257

나는 옐로에 화이트에 약간 그린   274

일러두기

1. 이 책은 월간지 「나미(波)」(2018년 1월호~2019년 4월호)에 '나는 옐로에 화이트에 약간 블루'라는 제목으로 연재한 글을 모아 출간한 것입니다.

2. 본문의 각주는 모두 옮긴이의 것입니다.

3. 외래어는 국립국어원 표기법을 준수하되, 일부는 일상에서 널리 쓰이는 표기를 따랐습니다.

옆방에서 경쾌한 기타 선율이 들려온다. '더 펑크 소울 디스코'라는 콘서트에 출연하기로 한 아들이 기타를 연습하고 있다.

꽤 펑키한 이름을 내걸었지만 사실 프로들의 콘서트는 아니다. 중학교 강당에서 열리는 음악부의 발표회다. 11~16세의 중학생들이 연주하는데, 아들은 저학년 그룹이다. 콘서트에서 주역이 아닌 '기타 등등'으로 분류되는 역할을 맡았지만, 아들은 성실한 성격대로 일요일 아침부터 연습에 몰두하고 있다.

"앰프 소리 좀 낮출래? 텔레비전이 안 들려!"

이렇게 아래층에서 외치는 이는 내 배우자다. 밤새 덤프트럭을 운전하고 막 퇴근한 참이라 예민한 것 같다. 23년 전 나와 처음 만났을 무렵에는 런던 금융가에 자리한 은행에서 근무했지만, 수년 후 구조조정에 휘말려 퇴직했다. 또 비슷한 곳에 취직하려나 했지만 "어릴 적부터 하고 싶었던 일"이었다며 대형 덤프트럭 운전사가 되었다.

나는 배우자와 함께 영국의 남쪽 끄트머리에 있는 브라이턴Brighton이라는 도시에서 20년 넘게 살고 있다. 아들이 태어난 뒤로는 3인 가족이 생활한다.

아들이 태어나면서 나도 변했다. "아이 같은 건 질색이야. 아이들이란 미숙한 데다 배려도 모르는 짐승이나 마찬가지야."라고 말했던 주제에, 이 세상에 아이만큼 재미있는 존재는 없다고 생각하게 되어 보육사 자격까지 취득했다. 인생의 패러다임이 바뀌었다고 말할 수도 있겠다.

그렇지만 보육사가 된 탓에 정작 내 자식과는 소원해지고 말았다.

아들이 돌이 지나자마자 내가 (내 맘대로 '밑바닥 어린이집'이라고 부르는) 보육시설에 수습으로 출근했기 때문이다. 직장에 아들을 데려갈 수 있었지만, 보육사 자격을 취득하기 위해 실습을 하면서 자기 자식과 놀 수는 없는 노릇이었다. 그

탓에 어린이집에 있는 대부분의 시간 동안 아들은 나와 떨어져 지냈다.

이런 상황을 들으면 사람들은 아이가 '왜 우리 엄마는 다른 집 애들하고만 놀아줄까?'라는 질투심에 삐뚤어지고 행실도 나빠진다며, 보육사가 자신의 아이를 직장에 데려가면 안 된다고 말하곤 한다. 하지만 아들은 무럭무럭 잘 자랐다. '밑바닥 어린이집' 창설자이자 지역에서 전설적인 유아교육자였던 스승 애니는 내가 걱정 없이 실습할 수 있도록 거의 전속 보육사처럼 아들을 돌봐주었다.

유아 시절의 아들은 내가 아니라 애니의 손에 컸다고 해도 지나치지 않다. 그랬기 때문에 내 아이치고는 균형 잡힌 성격으로 자라났다고 생각한다. 요즘도 대체 누굴 닮은 거지 하고 깜짝 놀랄 정도로 아들이 냉정하고 침착하게 말할 때가 있는데, 그럴 때면 아들 속에서 스승이 말하는 것 같은 느낌을 받곤 한다.

그렇게 '밑바닥 어린이집'에서 유아기를 보낸 아들은 우리가 사는 공영주택지 안에 있는 초등학교가 아니라 가톨릭계 초등학교에 진학했다.

그곳은 시 전체를 아울러 늘 최고라고 손꼽히는 명문 학교였다. 공립이었지만 부유한 집안의 아이들이 많이 다녔고, 한 학년에 한 학급만 있을 정도로 소수 정예 교육을 지향했다. 숲속에 자리한 학교 건물은 벽돌로 지어 아담하고 소박했다. 7년이나 같은 학급에서 책상을 나란히 두고 지낸 아이들은 졸업할 무렵에는 형제자매처럼 사이가 좋았다.

아들은 푹신푹신한 거품으로 둘러싸인 것 같은 평화로운 학교에 즐겁게 다녔다. 친구를 잔뜩 사귀었고, 선생님들도 많이 아껴주어서, 마지막 학년에는 학생회장을 맡기도 했다. 모든 일이 순조롭고 잘 풀리기만 해서, 솔직히 재미없을 정도였다.

나는 스스로 아들의 성장에 관여하고 있다는 느낌을 그다지 받지 못했다. 아들은 유아 시절에는 스승 애니가 길러주었고, 그 뒤에는 목가적인 초등학교에서 자라났다. 내가 나설 차례가 없었던 것이다.

그런데.

아들이 중학교에 올라가면서 상황이 전혀 달라졌다.

가톨릭계 중학교로 진학하지 않고, '구舊 밑바닥 중학교'에 입학했기 때문이다.

그곳은 녹음에 둘러싸여 피터 래빗이라도 등장할 것처럼 고상한 중산층의 학교가 아니라 살벌한 영국 사회가 반영된 현실적인 중학교였다. 괴롭힘도 인종차별도 폭력도 있고, 눈썹을 빡빡 민 무서운 형이나 요란한 화장 탓에 변두리 바의 사장처럼 보이는 누나도 다녔다.

열한 살에 불과한 아이에게는 커다란 변화였다. 과연 괜찮을까 걱정이 되었다.

나는 드디어 내가 나설 차례가 되었다고 생각했다. 하지만 여러 층위에서 분단된 사회를 그대로 복사한 듯한 학교의 사건에 대해 들을 때마다, 차별과 격차가 얽혀 복잡해진 미묘한 친구관계에 대해 아들이 상담을 요청할 때마다, 아이의 고민에 대해 내가 어떠한 답도 갖고 있지 않다는 사실을 깨달았다.

다행히도 우물쭈물 어쩔 줄 모르는 나와 다르게 아이들은 생각보다도 훨씬 씩씩하다. 헤매거나 고민하면서도 내가 생각만 하는 사이에 쭉쭉 앞으로 나아갔다. 아니, 나아간 것은 아닐지도 모른다. 얼마 지나지 않아 같은 자리로 돌아와 더욱 깊게 고민하기도 했다. 그렇지만 아이들은 과감하게 '일단 지금은 이 정도로 두자.' 하고는 정면을 향하며 자꾸자꾸 새로운 무언가와 마주쳤다.

"노인은 모든 것을 믿는다. 중년은 모든 것을 의심한다. 청년은 모든 것을 안다." 아일랜드 작가 오스카 와일드는 이렇게 말했지만, 여기에 "아이들은 모든 것에 직접 부딪친다."라고 덧붙일 수 있지 않을까? 아들의 학교는 어디부터 손대면 될지 아득할 정도로 어렵고 복잡한 이 사회의 축소판이다. 그런 학교생활에 맨몸으로 부딪치는 아이들의 무모해 보이는 용기는, 외려 세태에 찌든 어른들에게 커다란 힘을 북돋워준다. (정작 본인들은 대수롭지 않은 일이라 여기겠지만.)

아들의 인생에 내가 나설 차례가 된 것이 아니었다. 내 인생에 아들이 나설 차례가 된 것이다.

나는 이 책에서 아들과 친구들의 중학교 첫 1년 반 동안의 생활을 그렸다.

솔직히 말해서 중학생의 일상을 쓰는 것이 이렇게 재미있을 줄은 전혀 몰랐다.

'구 밑바닥 중학교'로
향하는 길

"뭐라고 할까, 이번에는 꽤나 분위기가 다른 중학교를 골랐네."

아들이 입학한 중학교 이름을 말하면, 사람들은 이런 반응을 보인다. 아들이 졸업한 초등학교와 입학한 중학교가 정반대라고 해도 지나치지 않을 정도로 다르기 때문이다.

영국에서는 공립학교라도 자녀가 다닐 초·중등학교를 보호자가 선택할 수 있다. 공립학교는 교육표준청Ofsted, Office for Standards in Education, Children's Service and Skills이라는 학교 감사기관이 실시하는 정기 감사 보고서를 비롯해 전국 학력 검사 성적, 학생 수와 교사 수의 비율, 학생 1인당 예산 등 상세한 정보를 의무적으로 공개해야 한다. 그리고 그 정보를 바탕으로 한 학교 랭킹이 거대 언론사(BBC나 고급 전국지 등)의 웹사이트에 공시된다.

보호자는 아이가 진학하기 수년 전부터 학교 랭킹을 보며 장래의 계획을 세운다. 아이의 취학 연령이 다가오면 랭킹이 높은 학교 근처로 이사하는 사람도 많다. 인기 많은 학교에 지원자가 몰려 정원을 초과하는 경우, 지방자치단체에서 학교 교문부터 지원자의 집까지 거리를 측정해 가까운 순서대로 입학을 승인하기 때문이다. 그 결과 상위 학교 인근의 집값이 치솟고, 부자와 빈자의 거주지는 점점 분리되고 있다. 이것이 최근 '소셜 아파르트헤이트'라고 불리며 대두되는 사회문제다.

우리 가족은 구舊 공영주택지에 살고 있다. 사람들이 '험악한 지역'이라 부르며, 근처 학교도 늘 랭킹의 밑바닥을 헤매는 (그래서 집값도 늘 그저 그런) 동네다. 하지만 어쩌다 보니 아들은 시 전체의 학교 중 랭킹 1위인 초등학교를 다녔다. 바로 공립 가톨릭 학교였다.

영국은 공립학교 중에도 영국국교회나 가톨릭, 유대교, 이

슬람교 등에서 운영하는 종교학교가 있다. 나는 오래전에 잊어버리긴 했지만 가톨릭 세례를 받았고, "열네 살 크리스마스가 마지막 미사"였다고 호언하는 아일랜드인 배우자는 무슨 영문인지 숙모가 수녀에 조카는 신부인 경건한 가톨릭 집안 출신이었다.

자연스레 배우자의 집안에서는 아이가 당연히 가톨릭 학교를 다니는 것으로 생각했다. 가훈으로 삼아서 지키지 않으면 벌을 주는 것도 아니기에 사실 가풍을 따를 필요는 없었다. 하지만 우리 부부가 대단한 신념으로 불량 신자가 된 것도 아니었기에 그냥저냥 집안사람들의 조용한 압력에 휩쓸려 아들을 가톨릭 학교에 입학시켰다.

아들의 학교는 알고 보니 두 교구를 위해 만들어진 가톨릭 학교였다. 우리가 살던 구 공영주택지와 그 옆에 있는 고급주택지다. 교회에 소속되어 일요일마다 미사에 참석하는 보수적인 가정은 고급주택지에 압도적으로 많다. 가톨릭 학교의 학생도 대부분 부유한 고급주택지에 사는 아이들이었다. 그런 집안에선 대체로 교육에 열심인 데다 가톨릭 학교 자체가 전반적으로 엄격하고 숙제도 마구 내며 공부를 시키기 때문에 초등학교 1위를 놓치지 않는 것이었다.

가톨릭 초등학교의 학생들은 졸업 후 거의 100퍼센트 가톨릭 중학교에 진학한다. 그 중학교도 도시 전체에서 1위인 엘리트 학교다. 동급생들이 모두 그곳으로 진학할 예정이었기 때문에 나와 아들 역시 막연히 '우리도 거기로 가겠지.' 하고 생각했다.

그런 사정으로 나는 아들이 진학할 중학교를 찾아보지 않았다. 그런데 아들이 초등학교 최고 학년이 되자마자 우리 동네 중학교에서 학교 견학 행사 초대장을 보내왔다.

초대장을 보낸 학교는 원래 백인 노동자 계급—'화이트 트래시white trash, 백인 쓰레기'라는 실로 무례하고 차별적인 용어로 일컬어지는—의 아이들이 다니는 학교로 알고 있었다. 우리 집 근처에서도 불과 몇 년 전까지 그 학교 학생들이 중국집 유리창에 벽돌을 던지며 놀거나 공원의 우거진 수풀 속에서 묘한 냄새가 나는 수제 궐련을 즐기며 문제를 일으키곤 했다. 늘 학교 랭킹의 밑바닥에 있는 중학교였는데, 지금은 왠지 랭킹의 한가운데까지 올라왔다고 했다.

대체 무슨 일이 있었던 걸까? 호기심이 들어 가보고 싶다 생각하고 있는데, 아들이 말했다. "가도 좋아. 중학교 견학을 간다고 하면 조퇴도 시켜주니까." 그래서 우리 둘은 어슬렁어슬렁 견학 행사에 가보게 되었다.

중학교 복도에 섹스 피스톨스라니

견학 행사 당일. 동네 중학교의 강당에 들어서자 내년에 중학생이 될 아이들과 보호자들이 잔뜩 앉아 있었다. 그들처럼 나란히 자리에 앉는데 옆에 있는 아들이 살짝 움츠러든 게 느껴졌다.

지난주에는 가톨릭 중학교의 견학 행사도 있었는데, 거기에는 동급생들이 모두 왔기 때문에 아들은 내 곁에서 떨어져 친구들과 함께 앉았다. 하지만 동네 중학교 행사에는 아들이 아는 아이가 한 명도 없었다.

가톨릭 중학교의 견학 행사에서는 초로에 접어든 교장이 단상에 올라 프레젠테이션을 진행했다. 그는 전국 학력 검사 평균점수, 옥스퍼드 대학 및 케임브리지 대학에 입학한 졸업생 수 등을 언급하며 자신의 학교가 얼마나 우수한지 끝없이 이야기했다. 교장의 소개가 끝난 다음에는 누가 봐도 우등생 같은, '저런 아이가 옥스브리지Oxbridge°에 가겠구나.' 하는 생각을 불러일으키는 학생회장이 등장했다. 그 아이는 상류층 영어를 구사하여 "여러분, 저희 학교에 오신 걸 환영합니다." 하고 상큼하게 인사하더니 학교생활이 얼마나 유익하고 멋진

° 영국의 양대 명문 옥스퍼드 대학과 케임브리지 대학을 통틀어 가리키는 말.

지 낭랑하게 이야기했다.

한편 동네 중학교에서는 어땠느냐. 40대 초반으로 보이는 젊은 교장은 단상에 서서 학교를 어떻게 소개할지보다는 어느 타이밍에 농담을 할지 신경 쓰는 것 같았다. 심지어 꽤 진심으로 웃기려 들었다. 교장의 연설은 '어? 벌써 끝이야?' 싶을 정도로 간략하게 끝났다. 이제 학생회장이 등장하겠구나 생각하는데 교장이 말했다.

"그럼 다음은 우리 학교가 자랑하는 음악부의 연주를 들려드리겠습니다."

느닷없이 교장 뒤에 있는 막이 스르륵 올라갔다.

막 너머의 무대에는 온갖 악기를 손에 든 수많은 교복 차림 중학생들이 줄을 맞춰 서 있었다. 기타, 베이스 기타, 키보드, 드럼에 브라스밴드, 퍼커션, 우쿨렐레, 콘트라베이스, 멜로디언, 정체를 알 수 없는 민속악기 같은 것까지.

연주의 도입부가 어디서 들어본 것 같다 싶었는데 브루노 마스Bruno Mars의 「업타운 펑크Uptown Funk」였다. 악기가 많아도 너무 많은 탓에 연주를 잘하는지 어떤지도 알기 어려웠지만 열의만은 대단했다. 보컬은 남녀 3인조로 안경 쓴 통통하고 귀여운 여자아이가 가운데에 서서 키 크고 마른 금발 소년과 요상하게 춤을 잘 추는 흑인 소년을 이끄는 구도였다. 아이들은 브루노 마스처럼 엉거주춤한 자세로 어깨를 흔들거나, 제임스 브라운James Brown 같은 스텝으로 춤추면서 경쾌하게 무대 위를 활보했다.

악기의 소리도 보컬의 목소리도 지나치게 다종다양해서 전부 따로 노는 것 같지만 왠지 하나로 뭉쳐 있었다. 이렇게 잡다한 연주가 어떻게 제대로 정리되는지 궁금했는데, 생각보다 금세 답을 깨달았다. 아이들이 즐거워했기 때문이다. 모두가 즐기는 덕에 생겨난 긍정적인 에너지가 자잘한 것은 전부 날려버리고 파워풀한 흥겨움의 파도를 만들어낸 것이다.

공연을 보며 나도 모르게 히죽히죽 리듬을 맞추고 있는데, 문득 옆을 보니 당시 열 살이던 아들이 묘하게 말똥말똥한 눈으로 나를 올려다보고 있었다.

"잘하더라."

연주가 끝나고 아들에게 말을 걸었다.

"그러게."

아들은 냉담한 반응을 보이며 의자에서 일어났다.

나도 서둘러서 일어나 안내를 맡은 여학생을 따라 교내를 보러 다녔다. 건물부터 가톨릭 학교와 정반대였다. 가톨릭 중학교는 '해리 포터' 시리즈에 나오는 호그와트 마법학교를 방불케 할 정도로 건물이 낡았다. 이렇게 유서 깊은 학교라면 가끔 관광차 방문해도 운치 있고 좋겠다는 생각이 들 정도였다. 하지만 천장이 쓸데없이 높고 벽에 균열이나 페인트 벗겨진 자국도 눈에 띄었다. 거기서 매일 지내다가는 뼛속까지 추울 것 같았다.

동네 중학교는 영국 어디에서든 볼 수 있는 평범한 학교였다. 영국 사람들은 이처럼 실용적이고 특징이 없는 건물을 "캐릭터가 없는 건축물"이라고 표현한다. 하지만 해리 포터 학교에 비해 훨씬 큰 창으로 햇빛이 잘 들어와 밝았고, 벽은 하얀색으로 새로 칠한 데다 천장이 낮아 난방도 잘될 듯했다.

"새것 같고 밝아서 좋네. 지내기도 편할 것 같아."

아들에게 말을 거니 입을 다문 채 끄덕이기만 했다. 같은 초등학교 교복을 입고 즐거운 듯이 이야기하며 앞서가는 소년들의 뒤에서 아들은 홀로 다른 교복을 입은 채 뚜벅뚜벅 걸었다.

영국의 중학교는 수학, 영어, 과학, 역사 등 과목별로 교실이 나뉘어 있어서 학생들이 수업에 맞춰 교실로 이동한다. 우리도 과목별로 다른 교실로 안내를 받아 교사들과 이야기를 나누거나 전시물을 보았는데, 교사들의 태도 또한 가톨릭 학교와 정반대였다. 가톨릭 학교의 교사들은 '질문이 있으면 답해드리지요.' 하는 듯한 꼿꼿한 태도로 묵묵히 의자에 앉아 있었고, 심지어 한가하게 책을 읽는 사람도 있었다. 하지만 동네 중학교의 교사들은 모두 교실 가운데에 서서 계속 말을 걸었다. 이런 게 가만히 있어도 학생이 몰리는 엘리트 학교와 노력하지 않으면 학생이 오지 않는 학교의 차이인가 싶었다.

수학 교실을 둘러본 뒤 안내를 맡은 여학생이 말했다.

"다음은 음악실이에요. 음악부가 쓰는 곳이기도 해서 악기가 잔뜩 있어요… 너는 할 줄 아는 악기가 있니?"

아들이 답했다.

"기타를 배우고 있어요."

"기타! 멋지다! 나는 키보드를 하고 있어. 아까 강당에서 우리 연주 들었어?"

여학생은 어깨까지 기른 머리카락을 바깥쪽으로 말아서 젊은 시절의 메리앤 페이스풀Marianne Faithfull 같은 헤어스타일을 하고 있었다.

"어? 너도 아까 그 무대에 있었니?"

내가 물었다.

"네, 워낙 애들이 많아서 몰라보셨을 거예요. 키보드만 여덟 명이나 있었으니까요."

여학생이 싱글싱글 웃으며 말했다.

그가 이끄는 대로 우리는 계단을 올랐다. 음악실은 가장 위층에 있는 모양이었다. 안내에 따라 복도를 걸어가는데, 좌우의 벽에 본 적이 있는, 아니 엄청 반가운 정사각형 물체가 죽 걸려 있는 게 눈에 들어왔다.

더 섀도스, 애니멀스, 더 후 등 전설적인 브리티시 록 명반들의 앨범 재킷이 양쪽 벽에 나란히 붙어 있었다. 걸어놓은 순서만 봐도 믿음이 갔는데, 로니 도니건Lonnie Donegan°부터 시작되었기 때문이다. 비틀스, 롤링 스톤스, 핑크 플로이드, 데이비드 보위, 레드 제플린, T. 렉스까지… 대체 왜 이런 게 학교에 있을까. 좌우에서 우리를 내려다보는 명반들을 지나쳐 가는데, 역시나 옐로와 핑크로 구성해 화려하기 그지없는 '그것'이 보이기 시작했다. '네버 마인드 더 볼럭스, 히어스 더 섹스 피스톨스Never Mind the Bollocks, Here's the Sex Pistols'°° 앨범 재킷이었다. 중학교 복도에 섹스 피스톨스라니.

더 스미스, 스톤 로지스, 오아시스, 팻보이 슬림 등 점점 현대에 가까워지는 앨범들을 관람하는 사이 음악실 겸 음악부실의 입구에 도착했다.

"여기는 제가 학교에서 가장 좋아하는 곳이에요." 하며 여학생이 문을 열었다. 지금껏 본 교실들의 세 배 정도는 될 널찍한 공간이 나타났다. 음악실의 양쪽 끝에는 갖가지 악기들

°   1950년대 영국을 대표하는 가수.

°°   영국의 록그룹 섹스 피스톨스가 1977년 발표한 처음이자 마지막 정규 앨범. 노골적인 욕설이 포함된 앨범 제목 때문에 사회적 논란을 불러일으켰다.

이 비좁게 늘어서 있었고, 안쪽에는 유리벽으로 분리된 작은 방 같은 곳이 있었다.

"저기는 뭐니?"

내 질문에 안내해준 여학생이 답했다.

"녹음실이에요."

"뭐? 녹음실까지 있다고? 대단하다."

나도 모르게 까치발을 딛고 녹음실 안을 들여다보다가 번 뜩 정신을 차리고 아들 쪽을 돌아보았다. 아들은 쌀쌀맞은 눈빛으로 교실 출입구에서 나를 지그시 보고 있었다.

착한 아이의 결단

나는 아들한테 단 한 번도 "그 학교로 가."라고 이야기하지 않았다. 하지만 배우자는 "신나서 동네 중학교에 대해 이야기하는 것만 봐도 엄마가 무척이나 마음에 들어하는 것은 뻔히 알 수 있다"며 "엄마의 그런 모습이 틀림없이 아이의 결정에 영향을 미쳤을 것"이라고 말했다.

"음악이든 춤이든, 아이들이 원하는 걸 할 수 있게 환경을 정비하고 마음껏 하도록 방침을 바꿨더니 웬일인지 성적도 올랐대."

"선생님들도 가톨릭 학교랑 다르게 친절하고 의욕이 느껴지더라."

"무엇보다 즐거워 보이는 게 좋았어. 그 덕에 아이들이 학교 밖에서 나쁜 짓을 하지 않게 되었는지도 몰라. 학교에서 자기가 좋아하는 걸 할 수 있으니까."

분명히 이런 말을 했던 것 같은데, 그래도 아들에게 그 학교를 권한 기억은 없다. 나는 그가 어떤 아이인지 알았기 때문이다.

지긋한 나이가 되어서도 반항적이고 무책임한 나와 달리 아들은 열 살밖에 안 됐지만 사리를 분별할 줄 아는 착실한 인간이다. 우수하고 성실한 가톨릭 초등학교에서 학생회장까지 맡았는데 두말할 필요 있겠는가. 기본적으로 '착한 아이'다.

아들에게는 학교에서 밴드 활동을 할 수 있다든가 스트리트 댄스 클럽이 있다든가 하는 것보다 전국 학력 검사의 평균점수나 옥스브리지에 입학한 졸업생 비율 같은 게 훨씬 중요할지도 몰랐다. 그리고 기타를 연습한다고 해도 아들의 연주는 (사실 꽤 잘한다고 말하지 못할 것도 없지만) 단지 정확할 뿐, 이른바 '그루브'가 없었다. 견학 행사에서 들었던 음악부의 강렬한 연주와는 정반대였다.

뭐, 그래도 아들이 연예계와 아예 연이 없지는 않다. 일곱 살 때 이탈리아 영화에 배우 기쿠치 린코菊地 凛子의 아들로 출연하기도 했다. 하지만 딱히 배우나 연예인을 꿈꾸지는 않았다. 외려 우리처럼 가난한 집에서는 대학에 다니려면 큰 빚을 질 수밖에 없으니 영화 출연료는 동전 한 닢 빠뜨리지 말고 저금해두라고 당부할 정도였다. 그야말로 건실했다.

배우자는 한결같이 자신의 아들을 '구 밑바닥 중학교'에 보내고 싶지 않다고 주장했다. 학생 중 90퍼센트 이상이 백인 영국인이라는 수치에 집착하며, 우리 아들은 동양인 외모라 괴롭힘을 당할 게 틀림없다고 믿어 의심치 않았다. 영국에서는 중학교를 11세부터 16세까지 5년 동안 다녀야 한다. 무척 긴 시간이라 최저 학년과 최고 학년은 나이 차이도 많이 난다. 혹시나 몸집이 작은 우리 아이가 육체적으로 괴롭힘을 당한다면 비극적인 일이 벌어질지도 모른다고 배우자는 말했다. 나도 길을 다니다 인종차별적인 말을 내뱉는 중학생을 본 적이 있고, 단골 중국집의 아이는 몇 년 전 괴롭힘에 시달리다 결국 전학을 가기도 했다.

반면 가톨릭 중학교에는 인종적 다양성이 있었다. 남미, 아프리카, 필리핀, 유럽 대륙 등에서 건너온 가톨릭 신자의 아이들이 다니고 있으며, 실제로 최근 들어 계속해서 이민자 학생의 비율이 증가하고 있다. 백인 노동자 계급 아이들이 많은 학교일수록 인종차별이 극심해진다는 소문이 널리 퍼졌기 때문이다. 이민자들은 자신의 자녀를 백인 노동자 계급이 많이 거주하는 지역의 학교에 보내지 않는다. 예를 들어 학교를 선택하는 시기에 멈스넷Mumsnet 같은 육아 사이트의 게시판을 보면, "그 학교는 백인 노동자 계급 아이들이 많으니 무조건 피할 것."이라고 중산층 영국인과 이민자들이 정보를 공유하기도 한다.

이런 풍조 탓에 오늘날 영국의 지방 도시에서는 '다양성 격차'라고 부를 수밖에 없는 상황이 벌어지고 있다. '인종의 다양성이 있으면 우수하고 부유한 학교'라는 기묘한 구도가 생긴 것이다. '구 밑바닥 중학교' 같은 곳은 얼핏 보면 백인 영국인밖에 눈에 띄지 않는다. 그러고 보니 견학 행사에서 돌아오는 길에 아들이 "거의 다 백인이더라." 하고 툭 내뱉기도 했다.

일은 지방자치단체에 중학교 입학 지원서를 내기 직전에 일어났다. 아들이 갑작스레 '구 밑바닥 중학교'에 가고 싶다고 선언한 것이다. 친한 동급생이 그 학교로 가기 때문이라고 했다. 그 집은 엄마가 풀타임 일자리를 찾은 탓에 아들을 차로 학교까지 데려다줄 수 없어져서 도보로 등하교를 할 수 있는 동네 중학교에 입학하기로 했다.

"네가 진짜로 가고 싶다면 할 수 없지만, 나는 반대한다."

배우자는 아들에게 이렇게 말했다.

"왜요?"라고 묻는 아들에게 배우자는 설명했다.

"첫 번째 이유는 그 학교가 백인투성이라서. 너는 아니잖아. 혹시 너는 속으로 네가 백인이라 여길지도 모르겠다만 겉보기에는 아니야. 두 번째 이유는 가톨릭 중학교가 보통 학교보다 성적이 좋으니까. 번거롭게 가족 전체가 개종해서 입학하려는 사람들이 있을 정도야. 우리 집은 우연히 모두 가톨릭 신자라서 운이 좋았던 거고. 우리 같은 노동자 계급이 좀처럼 누릴 수 없는 특권을 그렇게 간단히 버리다니, 계급 상승을 하기는커녕 스스로 굳이 내려가려는 것 같아서 나는 싫다."

아들은 한동안 고민했지만 결정을 뒤집지는 않았다. 엄마는 운전을 못 하니까 가톨릭 학교를 다니려면 버스를 갈아타고 또 한참 걸어야 하는데, 비와 눈을 맞으며 그러느니 가까운 학교가 여러모로 낫다는 실용적 판단도 있었던 것 같다.

그리하여 아들은 '구 밑바닥 중학교'에 입학했다.

그렇게 걱정했건만, 허무할 정도로 아들은 잘해나갔다. 입학하자마자 학교생활을 만끽하는 것 같았다. 금세 새로운 친구를 사귀었고, 음악부를 비롯해 여러 클럽에 소속되어 벌써부터 정신없어 보였다. 의외로 적응력이 강한 아이라 환경이 바뀌어도 금방 즐길 줄 아는 것이리라.

"하나도 걱정할 필요가 없었네." 내가 말했다. 배우자는 "뭐, 일단 지금은."이라고 대답했지만, 내심 꽤 안심하는 모양이었다.

그러던 어느 날 아침. 허둥지둥 등교한 아들의 방을 청소하러 가보니 책상 위에 국어 노트가 펼쳐진 채 있었다.

어젯밤 늦게까지 책상에 앉아 무언가 하는 것 같았는데 정작 중요한 숙제를 두고 간 걸까? 언뜻 노트를 보니 지난주 숙제를 한 페이지였다. 선생님이 빨간 펜으로 첨삭한 게 눈에 띄었다. "블루blue라는 단어는 어떤 감정을 뜻하는가?" 이 문제에 아들이 잘못된 답을 적은 것이었다.

"나는 '분노'라고 적었는데, 빨간 펜으로 사정없이 고쳐났더라." 어제 저녁을 먹으며 아들이 이렇게 말하기에 나는 "뭐? 여태 계속 그렇게 알았어?" 하며 웃고는 "블루는 '슬픔' 또는 '울적함'이라는 뜻이야."라고 가르쳐주었다. 아들은 학교 선생님도 그렇게 첨삭해주었다고 했다.

이게 그 숙제였구나 하며 보는데 불현듯 노트 오른쪽 위에 아들이 낙서를 한 게 보였다. 파란 펜으로 쓴 글씨는 마치 노트 구석에 한껏 몸을 웅크린 채 숨을 죽이고 있는 듯했다.

나는 옐로에 화이트에 약간 블루.

가슴속에서 무언가가 뚝 소리를 내며 부러지는 것 같았다.

뭔가 경험해서 이런 글을 쓰고 싶어진 걸까?

나는 노트를 덮고, 어질러져 있는 연필과 지우개 등을 필통에 담은 뒤 노트 위에 두었다.

문득 의문이 들었다. '이 낙서를 적었을 때 블루의 올바른 의미를 알았을까? 아니면 뜻을 잘못 알고 있을 때 쓴 걸까?'

한번 궁금해지자 참을 수 없이 신경이 쓰였다. 하지만 나는 아직도 아들에게 그 낙서가 무슨 뜻인지 묻지 못했다.

완전히 새로운
세계

동아시아에서 영국으로 건너온 이주민이 자녀를 초·중등 학교에 보낼 때 가장 놀라는 점은 입학식과 졸업식이 없다는 것이다. 나는 빈민이라 이튼 칼리지^{Eton College} 같은 명문 사립 학교의 사정은 모르지만, 적어도 공립학교에는 보호자가 한껏 차려입고 자녀와 함께 학교에 가야 하는 행사가 존재하지 않는다.

자녀가 중학교에 진학해 스스로 등하교를 할 수 있게 되는° 첫날에도 현관 앞에서 "힘내고 잘 다녀와." 하는 느낌으

° 영국에서는 거의 모든 초등학교가 등하교에 보호자가 동반할 것을 의무화하고 있다.

로 배웅할 뿐이다. 무미건조하다고 해도 될 정도라 교복 입은 아이를 보고 눈물짓는다든지 하는 극적인 상황은 좀처럼 일어나지 않는다. 그런데 아들이 입학한 '구 밑바닥 중학교'는 다른 의미지만 초장부터 극적이랄까. 드라마 「글리glee」° 같았다.

여름 방학을 조금 앞두었을 때 중학교에서 편지가 왔다. 9월 며칠부터 학기가 시작되니 학생들은 몇 시 몇 분까지 학교 강당에 집합할 것, 첫날 필요한 것은 다음과 같으며 점심은 학교 식당에서 먹어도 되고 도시락을 지참해도 괜찮음. 이런 식으로 입학 전에 준비해야 할 것들이 사무적으로 나열되어 있었다. 여기까지는 여느 공립학교와 다를 바 없어 보였다.

"우리 애는 입학 전인데도 과제 도서가 쓰여 있었어. 심지어 '입학하고 곧 시험이 있으니 국어랑 수학은 예습하길 추천합니다.'라고 하더라. 아직 입학하지도 않았는데 숙제를 내는 법이 있나 싶더라니까. 역시 중학교에 올라가면 이런 분위기인가 봐."

아이를 가톨릭 중학교에 보낸 친구가 전화로 그렇게 말하기에 나는 이렇게 답했다.

"우리는 오디션 준비를 하라고 하던데."

° 　2009년부터 2015년까지 방영된 미국의 뮤지컬
　　드라마. 고등학교 음악 클럽을 배경으로 청소년
　　들의 이야기를 그렸다.

"……뭐?"

"입학 이튿날 오디션이 있으니까 준비해두라고."

"무슨 오디션?"

"뮤지컬."

그렇게 말하자 친구는 잠시 침묵했다. 할 말을 잃은 것 같기도 했고, 폭소를 참는 것 같기도 했다.

오디션 준비라고 했지만 「알라딘」 뮤지컬 영상을 유튜브에서 보거나 같은 제목의 애니메이션 혹은 책을 보고 내용을 기억해두라는 정도였다. 하지만 성실한 아들은 숙제가 무엇이든 제대로 해줘야 하는 성미라 런던 웨스트엔드의 극장에서 공연한 뮤지컬 영상을 몇 번씩 반복해서 진지하게 보았다.

그 노력이 결실을 맺었는지 아들은 입학 이튿날 치러진 오디션에서 당당하게 지니 역을 쟁취했다. 애초에 성실하게 가사를 외워온 학생 자체가 매우 적었다고 한다.

영국의 중학교 교육에는 '드라마(연극)'라는 교과목이 어엿하게 존재한다. 연극이 중학교 교육의 일환으로 커리큘럼에 포함되어 있으며 잉글랜드와 웨일스, 북아일랜드에서 중등교육을 제대로 수료했는지 평가하기 위해 치르는 전국 시험 GCSEGeneral Certificate of Secondary Education의 수험 과목 중에도 연극이 있다. (대학 진학을 희망하는 학생은 보통 8~10과목을 시험 본다.) 딱히 영국이 배우를 대량으로 육성하려고 학교에서 연극을 가르치는 것은 아니다. 언어를 활용한 자기표현능력, 창조성, 소통능력 등 일상생활에서 필요한 능력을 기르는 과목이다.

나도 보육사로 일해서 잘 알지만, 연극을 중요시하는 영국 교육의 경향은 보육시설에서 이뤄지는 유아교육에도 반영되어 있다. 영국 정부가 정해둔 유아교육 커리큘럼 EYFS Early Years Foundation Stage의 지도 요령에서 '소통과 언어'communication & language라는 항목을 보면, 4세가 취학할 때까지 도달해야 하는 발육 목표로 '언어를 사용해 역할이나 경험 등을 재현할 수 있을 것'을 내걸고 있다.

그래서 영국의 유아교육 시설에서는 보육의 일부로서 매일 연극적인 지도를 하고 있다. 웃는 얼굴은 기쁘거나 즐거울 때 짓는 표정이며, 화내는 얼굴은 분노를 느꼈을 때 짓는 표정이라고 아이들에게 가르쳐주는 것이다. 벽에 이런저런 표정을 짓는 사람들의 얼굴을 붙여놓고 "이건 무슨 얼굴일까?", "다들 이 표정을 지을 수 있니?", "다들 어떨 때 이런 표정을 짓고 싶니?"라고 문답을 이어가며 '기분'과 '기분을 표현하는 것'과 '기분을 전달하는 것'이 서로 연결되어 있음을 가르친다. 자신의 감정을 올바르게 다른 사람에게 전달할 수 있도록 훈련을 시키는 것이다.

내가 일했던 어린이집은 실업률과 빈곤율이 매우 높은 지역의 지원센터 안에 있었다. 그래서 가정 내 폭력이나 알코올 및 약물 의존증 등 문제를 안고 있는 가정의 아이들이 많이 다녔다. 표정이 풍부하지 않거나 자신의 감정을 제대로 전달하지 못하는 아이들이 많았다. 타인에게 감정을 전달할 줄 모르는 아이는 타인의 감정을 읽어내지도 못한다. 다른 아이가 괴로운 표정을 짓거나 싫어하며 울어도, 그것이 나를 그만 좀 괴롭히라는 '스톱' 사인임을 알지 못한다. 그 때문에 내가 '밑바닥 어린이집'이라고 불렀던 곳에서는 연극적 요소를 도입한 게임과 놀이에 많은 노력을 기울였다.

같은 지역에 자리한 '구 밑바닥 중학교'에서 연극 교육에 힘을 쏟는 것도 비슷한 맥락에서 이뤄지는 일 아닐까. 물론 누가 때리면 울면서 항의한다든지 상대가 항의하면 멈춘다든지 하는 유아적 레벨과 비교했을 때, 중학생쯤 되면 감정과 표현을 관장하는 회로가 훨씬 복잡하고 섬세하긴 하다.

복잡해지는 인종차별

학교에서 11월에 공연한 뮤지컬 「알라딘」에는 오로지 7학년생˚만 출연했다. 7학년생에 한정한 뮤지컬 공연이 학교의 전통이라는데, 신입생의 단결력과 협동심을 기르기 위해 매년 개최하는 모양이었다.

주인공 알라딘 역을 꿰찬 아이는 부모가 헝가리 이민자인 다니엘이었다. 검은 머리에 옅은 갈색 눈동자가 눈에 띄는 늘씬한 미소년으로 나란히 서면 우리 집 아이보다 몇 살은 많아 보였다. 설정상 지니는 알라딘보다 훨씬 나이가 많고 덩치도 큰데, 아들이 지니를 맡는 바람에 기묘한 조합이 되어버렸다. 결국 오디션에 제대로 가사와 대사를 외워서 온 학생이 둘뿐이었다는 말이다. 그래서 그 둘이 주연을 맡게 된 것 같았다. 다니엘은 어릴 적부터 연극학교를 다녔고, 아역으로 런던의 무대에 선 적도 몇 차례 있다고 했다.

학교에는 뮤지컬부가 있는데 책임 교사는 로열 셰익스피어 극단 출신이었다. 그 교사와 음악부 교사가 오디션 직후부터 매일 쉬는 시간과 방과 후에 출연자들을 모아서 무대 연습을 시켰다. 아들 역시 입학 첫 주부터 빡빡한 일정을 소화했다.

˚   한국의 중학교 1학년에 해당한다. 영국은 초등학
교 졸업 후 중학교에 입학하면 7학년이 된다.

그러던 어느 날, 리허설 때문에 귀가가 늦은 아들이 심상치 않은 기세로 뛰어 들어오더니 말없이 자기 방으로 직행했다.

'뭔 일이 있었나 보네.' 이렇게 생각하면서도 일을 하고 있는데, 잠시 뒤 아들이 다가왔다.

"아까 엄청 기분 나쁜 일이 있었어."

나는 손을 멈추고 돌아보았다.

"무슨 일?"

"같이 집에 오던 친구가 껌을 사러 가게에 들어가서 나는 밖에서 기다렸거든. 그런데 내 앞에 모르는 차가 서더니 어떤 남자가 창을 내리고 '퍼킹 칭크!chink'°라고 소리쳤어."

'중학교 교복을 입었어도 끽해야 아홉 살 정도로 보이는 아이에게 무슨 말을 하는 거야.' 이렇게 생각하면서 물어보았다.

"어떤 사람이었어?"

"아마 열일곱이나 열여덟 살 같았어. 운동복 차림에 모자를 눌러쓰고."

"그래서 어떻게 했어?"

"그 사람을 안 보려고 그냥 입 다물고 다른 곳을 봤어. 그러니까 금방 갔고."

◦   영어권에서 중국인을 모멸하며 부르는 말이다.

"응, 그러면 됐어."

나는 그 정도면 됐다고 말했다. "인종차별에 맞서 가운뎃손가락을 쳐들며 전투 의지를 표명합시다." 하는 것은 사회운동의 세계에서나 통하는 말이다. 영국의 길거리에서 몸집작은 중학생이 그런 의지를 드러냈다가는 차에서 내린 상대에게 흠씬 두들겨 맞을 것이다.

"앞으로 오늘 같은 일이 늘어날지도 몰라."

"왜?"

"멀리 있는 초등학교를 다닌 덕에 지금까지는 험한 일을 겪지 않았지만, 이 근처에는 그런 말을 하는 사람도 있거든. 게다가 너는 몸집이 작은데 교복을 입고 있어서 목표가 되기 쉬워."

"그건 또 왜?"

"그런 놈들도 초등학생한테는 손대지 않거든. 하지만 중학생한테는 괜찮다고 생각해. 그래서 중학교 교복을 입은 작은 아이는 딱 좋은 사냥감이야. 무조건 이길 걸 아니까 맘대로 하기 쉽지."

"그런 거 비겁해. 자기보다 약한 걸 아니까 시비를 건다니."

"맞아, 그냥 그 수준밖에 안 되는 거야."

나는 그렇게 말하고는 다시 컴퓨터를 향해 앉았는데, 아들이 등 뒤에서 말했다.

"그래서 엄마도 늘 다른 데를 봤어?"

"뭐?" 나는 다시 아들을 돌아보았다.

"내가 더 어렸을 적에 '칭크'라는 말을 들을 때마다 엄마도 다른 데를 봤었어."

그걸 기억한다는 사실에 깜짝 놀랐다. 아들이 초등학교에 입학하기 전 밑바닥 어린이집에서 일하던 나는 늘 아들을 데리고 출퇴근을 했다. 그 길에서 몇 번인가 인종차별적인 일을 겪었다.

오늘 아들이 무의식중에 다른 곳을 본 것은 그 무렵의 나를 떠올렸기 때문일까. 밑바닥 어린이집과 전혀 다른 초등학교로 진학했다가 다시금 밑바닥 환경으로 돌아온 아들의 내면에서 스스로도 잊었던 기억이 되살아났는지 모른다.

그로부터 2주 정도 지난 어느 날. 아들이 이번에는 알라딘 역을 맡은 다니엘과 싸우고 돌아왔다.

"다니엘은 레이시스트racist, 인종차별주의자야!"

아들이 무척 흥분한 것 같아서 물어보았다.

"너한테 무슨 말을 했어?"

아들의 답은 이랬다.

"내가 아니라 흑인 여자애한테 끔찍한 말을 했어. 걔는 이주민을 너무 심하게 차별해."

"다니엘의 부모님도 이주민 아냐?"

"맞아, 그런데도 왜 그런 말을 하는지 모르겠어."

다니엘은 좀처럼 안무를 익히지 못하는 흑인 여자아이를 "검둥이 주제에 춤도 못 추다니. 정글의 원숭이니까 바나나를 주면 출 수 있지 않을까?" 하고 뒤에서 조롱하며 비웃었다고 한다.

요즘 세상에 흑인을 정글이나 원숭이와 엮다니, 향수를 불러일으킬 정도로 낡아빠진 표현이었다. 바나나 운운한 것 역시 힙합이나 R&B 등 도시 문화가 판을 치는 시대에 자라난 영국 아이들이 생각해낼 만한 말은 아니었다. 내 경험상 아이가 그렇게 시대착오적인 발언을 하는 것은 대체로 주위에 그런 말을 일삼는 어른이 있기 때문이다.

"모르는 거야. 누가 그렇게 말하는 걸 듣고 어른은 저러는구나 생각해서 흉내 냈을걸."

"결국, 바보라는 거야?"

화를 삭이지 못한 아들이 말했다.

"아니, 모른다고 해서 머리가 나쁜 건 아냐. 지금은 몰라도 나중에 알게 되면 무지無知에서 벗어날 수 있어."

내가 이렇게 말하자 아들은 잠시 뭔가 생각하는 것 같더니 잠자코 자신의 방으로 돌아갔다.

며칠 뒤, 당연히 알고 있는 줄 알고 배우자에게도 아들이 일전에 길에서 겪은 일에 대해 이야기했다.

"그 녀석, 나한테는 아무 말도 안 했어."

배우자는 충격을 받았다. 아들은 아빠와 무척 사이가 좋아 뭐든지 털어놓는데, 어째서 그날 일만 말하지 않았을까.

"그래서 내가 동네 중학교는 반대한 거야. 일부러 차를 멈추고 창문을 내렸다는 것도 맘에 안 들어. 그 자식들 애초에 폭행하려고 접근한 거야."

"그래도 무시했으니까 괜찮아. 괜히 반응했다가는 진짜로 차에서 내렸을 거야."

"괜찮지 않아. 그럴 때는 휴대전화로 차 번호판을 찍어야 해. 그러고 경찰에 신고해야지."

"그랬다가는 휴대전화도 뺏어서 부술 게 뻔하잖아."

흥분하는 배우자를 보면서 '이렇게 소란을 피우니까 아빠한테는 말하지 않은 걸까?' 하고 생각했지만, 다른 이유가 있을 것 같았다.

아마도 아들은 인종차별에 대한 이야기를 백인 아빠가 아닌 동양인 엄마와 해야 한다고 생각했을 것이다. 왜 그렇게 생각했는지는 모르겠다. 하지만 아이의 내면에는 '백인'과 '비

백인'이라는 두 부분이 따로 존재하며, 그 두 부분이 언제나 하나로 융합되지는 않는 모양이었다.

배우자는 알라딘 역을 맡은 소년이 차별적 발언을 해 아들이 그와 싸웠다는 것도 당연히 모르고 있었다.

"아직도 60년대 스타일로 흑인을 정글이니 바나나니 하면서 차별하는 건 동유럽 출신 촌놈들뿐이야."

이쪽은 이쪽대로 다른 계층을 향한 차별 발언을 입에 담았다. 나는 이렇게 말했다.

"바로 그렇게 말할 것 같으니까 아빠한테는 아무 말 안 했다고 생각하는데."

사회에 다양성이 더해지면서 인종차별의 양상 또한 늘어나고 복잡해졌다. 이민자라는 한 단어로 뭉뚱그려도 그 속에는 온갖 인종이 있고 출신 국가도 제각각 다르다. 이민자 중에도 인종차별적인 언행을 일삼는 사람이 있는가 하면, 당한 만큼 갚아주는 사람도 있다. 그 공방전을 지켜보는 영국인은 영국인대로 어느 한쪽을 편들며 다른 쪽을 차별하기도 한다.

백인 영국인이 압도적으로 많은 학교에 보내기로 결정하면서 아들이 백인에게 차별을 당할지도 모른다고 걱정하긴 했다. 하지만 인종차별적인 이주민의 아이와 충돌하리라고는 솔직히 예상하지 못했다. 애초에 백인 영국인이 대다수인 학교에서 동양인의 얼굴을 한 아들과 헝가리 이민 가정의 아이인 다니엘이 뮤지컬의 주연으로 발탁된 것은 다양성을 추구하는 학교 정책의 일환인지도 모른다. 그렇게 생각하면 두 아이의 구도는 더더욱 아이러니했다.

완전히 새로운 세계를 엿보다

「알라딘」은 학교 강당에서 이틀 저녁에 걸쳐 공연될 예정이었다. 한 장에 5파운드^{약 7,500원}인 티켓이 온라인으로 판매를 시작하고 일주일 만에 매진될 정도로 인기가 높았다. 그런데 공연을 며칠 앞둔 어느 날, 드디어 의상까지 차려입고 리허설을 한 아들이 집에 오더니 말했다.

"다니엘이 이제 와서 소리를 못 내고 있어. 엄청 힘들어 보여."

키가 크고 조숙한 다니엘은 이미 변성기에 접어들었다고 한다. 그 바람에 마법 양탄자를 타고 불러야 하는 주제곡 「어 홀 뉴 월드A Whole New World, 완전히 새로운 세계」의 고음을 소화하지 못하게 된 것이다. 음을 낮추면 해결되지 않을까 싶었지만, 히로인인 자스민과 함께 불러야 하기 때문에 음을 너무 낮추었다가는 자스민을 맡은 여자아이가 노래를 부를 수 없게 된다. 그래서 아슬아슬한 수준까지 음을 낮추긴 했지만, 다니엘의 고생은 이만저만이 아닌 듯했다.

"다른 애들 노래랑 춤을 보고 바보 취급하면서 놀리던 다니엘이 공연 직전에 노래할 수 없게 됐어."

아들의 말에 배우자가 만족스러워하며 입을 열었다.

"다른 사람한테 저질렀던 일은 결국 다 자기한테 돌아오기 마련이야."

"그러고 보니 다니엘이랑 화해했어?"

내가 물었다.

"그럴 리 없잖아."

아들이 답했다.

"다니엘이 너무 힘들어해서 내가 선생님한테 '제가 무대 뒤에서 대신 불러도 괜찮아요. 다니엘은 립싱크를 하면 되지 않아요?'라고 제안했어. 선생님도 좋은 아이디어라고 했는데 다니엘이 거절했어. 목구멍이 춘권°으로 꽉 막힌 것 같은 동양인 목소리로 노래하는 건 싫대."

"..."

아무래도 상대는 머리끝부터 발끝까지 인종차별 원리주의자인 모양이다.

° 각종 재료를 버무린 소를 얇은 전병에 싸서 튀긴 음식. 영미권에서 가장 대표적인 중국요리 중 하나로 알려져 있다.

이러니저러니 하면서도 찾아온 「알라딘」 공연 첫날. 나와 배우자는 중학교 강당의 객석에 자리 잡았다. 보호자뿐 아니라 조부모를 비롯한 일가친척이 다 같이 온 집도 있어서 공연 15분 전부터 이미 객석에 빈자리가 없었다. 무대와 객석 사이에는 음악부 학생들이 손에 악기를 들고 나란히 앉아 있었는데, 키 큰 남학생이 지휘대에 서 있는 게 진짜 뮤지컬 오케스트라 같았다.

티켓을 판매해 거둔 수익은 뮤지컬부의 예산이 되어 다음 공연에 쓴다는 듯했다. 그렇게 모아둔 자금 덕분인지 의상이나 무대 세트가 제법 그럴싸했다. 아이들의 노래와 연주 역시 연극학교 못지않은 수준이었다. 공립학교 중에 이 정도로 하는 곳은 거의 없을 것이다. 9월에 입학하고 2개월 반, 방과 후에 남아서 리허설을 하고 주말에도 학교에 나가 연습한 보람이 있었다.

온몸을 파랗게 칠한 아들 역시 금색 실이 반짝이는 화려한 의상을 입고 등장했다. 집에서 매일같이 들어 진절머리가 나는 노래를 아들이 자신만만하게 큰 소리로 부르며 춤추다가 뛰었다가 하는데 객석에서 꽤 폭소가 터졌다. 애초에 사람들 앞에서 말하는 게 특기이고 주눅 들지 않는 편인 데다 선생님의 기대에 부응하려고 노력하는 '착한 아이'라서 초등학교 학예회에서도 늘 주연만 맡았었다. 그럼에도 무대 위의 아들은 여태껏 보아온 '평범하게 좋은 연기자'와는 좀 다른 듯했다.

지니라는 역할 자체가 워낙 자유롭고 개성 있긴 하지만, 아들은 자신과 전혀 다른 인물을 연기하며 진심으로 즐거워하는 것 같았다. 다른 출연자들과도 발군의 호흡으로 서로 도왔다. 심지어 화해하지 않은 다니엘과도 단둘이 오랫동안 연기해야 하는 장면에서 타이밍을 계산하며 상대방의 실수를 적절한 애드리브로 서로 메워주었다.

장면이 바뀌어 지니가 무대 뒤로 사라지고, 알라딘과 자스민이 양탄자를 타고 노래하는 하이라이트 차례가 되었다.

다니엘의 솔로로 노래가 시작되었지만 목소리가 전혀 들리지 않았다. 아들이 말한 대로 변성기라 고음을 낼 수 없어 한 옥타브를 낮추었는데, 너무 음이 낮은 탓에 최선을 다해 불러도 오케스트라의 연주에 노랫소리가 묻혀버렸다. 다니엘도 자기 목소리가 들리지 않는지 매우 혼란스러워했다.

상황을 눈치챈 음향 담당자가 갑자기 마이크의 음량을 올리는 바람에 "끼이이" 하며 기분 나쁜 소리가 울렸다. 이제 알라딘은커녕 자스민의 노래도 들리지 않았다. 관객들이 웅성거리기 시작했다.

그때, 갑자기 이 모든 소음에 싸움을 거는 듯한, 거의 화를 내는 듯한 목소리가 크게 들렸다.

아들의 목소리였다. 아들이 무대 뒤에서 노래를 부르고 있었다.

음향 담당자가 허둥대며 마이크 음량을 낮추자 기분 나쁜 소리도 잦아들었다. 다니엘은 아무 일 없다는 양 잘생긴 얼굴로 미소를 지으며 양팔을 벌리고 입을 빠끔거렸다.

"선생님이 시켰어?"

돌아가는 길에 배우자가 묻자 아들이 말했다.

"아니, 내가 선생님한테 물어보고 마이크를 달라고 했어."

"그런데 알라딘 자식은 춘권으로 막힌 목소리가 싫다고 하지 않았어?"

"그런 건 상관없어. 두 달 넘게 연습했는데 하이라이트가 엉망이 되면 다들 노력한 게 쓸모없어지잖아."

아들은 그렇게 말하며 우리 앞을 걸어갔다.

"다니엘은 이제 춘권이고 뭐고 신경 안 쓸걸? 나한테 고맙다고 했으니까. 아주 상쾌하게 '내일도 잘 부탁해.' 하던데."

아들은 호주머니에서 휴대전화를 꺼내더니 만지작거리기 시작했다.

"옷 갈아입은 다음에는 무슨 바람이 불었는지 내 전화번호도 물어봤어."

"알려줬어?"

"응, 안 알려줄 이유는 없으니까. 그리고 무지한 사람한테 가르쳐야 할 게 잔뜩 있거든."

"뭐?"

배우자가 되물었지만 아들은 답하지 않았다.

사춘기를 앞둔 아이의 흡수력이란 스펀지나 다름없어서 때로는 두려울 정도다.

"다니엘이랑 나는 최악의 적 아니면 최고의 친구가 될 것 같아. 특기가 비슷하기도 하고."

제법 어른스럽게 말하는 아들을 바라보며 나는 밤길을 걸었다.

"잘하더라, 꼬맹이!"

악기를 짊어진 상급생이 아들에게 말을 걸며 자전거를 타고 지나쳐 갔다. 아들은 웃으면서 엄지손가락을 세워 보였다.

대수롭지 않은 길 위의 풍경 사이로 곧 다가올 완전히 새로운 세계a whole new world가 얼핏 엿보인 것 같았다.

'배드'한 랩이 울리는
크리스마스

앞서 말했듯 우리 집은 이른바 '험악한 지역'이라고 하는 '구舊' 공영주택지에 있다. 왜 '구'를 붙이는가 하면, 원래 공영주택지였지만 마거릿 대처Margaret Thatcher 정권이 민간에 팔아치웠기 때문이다.

사실 오늘날 영국에 순수한 공영주택지는 거의 남아 있지 않다. 1979년에는 영국인 중 42퍼센트가 공영주택지에 거주했다고 하지만, 1980년대에 대처가 공영주택을 닥치는 대로 팔아버렸다. 그 후 공영주택은 거의 지어지지 않았다. 1990년

대 후반부터 2000년대에 걸친 노동당의 토니 블레어Tony Blair
정권과 고든 브라운Gordon Brown 정권조차 13년 동안 공영주택
을 고작 780채밖에 신축하지 않았다.

대처 정권은 공영주택을 판매하며 "주민에게 구입할 권리
를 부여한다."라고 했다. 그때 집을 구입한 사람도 있지만 그
러지 못한 사람도 있다. 집을 구입한 사람들 중에는 계속해
서 그 집에 거주한 사람이 있는가 하면, 집을 팔고 이사를 간
사람도 있다. 그렇게 영국의 공영주택지 내에 '얼룩덜룩 현상'
이 진행되었다.

다시 말해 구 공영주택을 부동산에서 민간주택으로 구입
하여 살고 있는 주민과 (대처 시대 이후 몇 번씩 주인이 바뀐 집
도 있다.) 지금까지도 지방자치단체에 집세를 내고 있는 공영
주택의 주민이 한 동네에 얼룩덜룩하게 섞여서 공존하게 된
것이다. 후자는 지금도 자신들이 "공영주택지에서 산다."라고
하지만, 엄밀히 말해 영국의 공영주택지에는 대부분 '구'를 붙
여야 한다.

우리 집 주변만 살펴봐도 왼쪽 이웃은 공영주택지 시절부
터 거주하다 대처 시대에 집을 구입해 지금껏 이사하지 않았
지만, 오른쪽 이웃은 부동산을 통해 집을 구입한 젊은 부부
다. 젊은 부부는 꽤 유복한 중산층인지 정원에 월풀 욕조를

설치한 데다 유리벽으로 둘러싸인 운동실까지 증축했다. 척 봐도 궁핍한 우리 집과 워낙 선명하게 대조되는 바람에 동네에서 화제가 되기도 했다. 최근 들어 영국에서는 중산층이 저렴한 구 공영주택을 구입해 호화롭게 리모델링해서 거주하는 것이 유행하고 있다. 그런 집을 '디자이너스 호텔'에 비유해 '디자이너스 공영주택'이라며 비꼬기도 한다.

그런가 하면 우리 집 길 건너에는 여전히 공영주택이 남아 있는데, 한 노부부가 1970년대부터 그곳에서 살아왔다. 그 옆집에는 부동산을 통해 집을 구입한 파키스탄계 이주민 가정이 살고 있다. 벽은 노란색이 감도는 베이지에 지붕은 밝은 빨강으로 페인트칠을 한 그 개성 넘치는 집은 구 공영주택지에 이국적인 정취를 더해준다.

이렇게 주민들의 국적도 계급도 얼룩덜룩해진 주택지 뒤쪽의 언덕길을 올라가면 콘크리트로 지은 거대한 고층 건물이 나타난다. 나중에 지어진 15층짜리 공영단지다.

우리 동네 사람들은 공영단지를 가리켜 "위험한 곳"이라고 말한다. 한밤중에 경찰차나 구급차의 사이렌이 울리면 반사적으로 '공영단지에 가나 보다.' 하고 생각할 정도다. (실제로 거의 그렇긴 하다.) 공영단지에는 '얼룩덜룩 현상'이 없다. 한때 민간에 판매하려고 했다는데, 평판이 너무 나빠서 아무리 가격을 낮춰도 사겠다는 사람이 나타나지 않았다는 모양이다.

노동당이 집권했던 2000년대에 '차브chav'라는 용어가 생겨나 영국에서 커다란 사회문제가 되었다. 옥스퍼드 영어사전에서는 차브를 "무례하고 상스러운 언동이 특징인 하층 계급의 젊은이"라고 정의하지만, 지금은 앞서 이야기한 공영단지 같은 곳에 거주하는 백인 노동자 계급을 통칭하는 말로 쓰이고 있다. 처음에는 BBC나 전국지에서도 망설임 없이 썼지만, 최근 몇 년 사이에 논쟁의 여지 없는 차별 용어로 문제시되고 있다.

지식인들은 "그들의 패션과 생태를 일반화하여 낙인을 찍어서는 안 된다."라며 문제의 용어를 쓰지 않으려 하는데, 실제로 그들 곁에서 살며 겉모습이나 생활상을 보면 어쩔 수 없이 다양성이 풍부하지 않다는 생각이 든다. 그리고 단언하지만, '정치적 올바름PC, Political Correctness'을 기준으로 폭탄을 다루듯 조심스럽게 차브라는 단어를 회피한들 문제가 해결되지는 않는다.

문제의 근원은 현실적인 빈곤에 있기 때문이다.

예컨대 중학교에 등교한 첫날, 아들은 집에 돌아오자마자 내 방으로 오더니 이렇게 말했다.

"쉬는 시간에 교실에서 애들이랑 얘기하다 여름 방학에 뭐 했냐고 물어봤는데, 어떤 애가 '계속 배가 고팠어.'라고 말했어."

그로부터 2주 정도 지났을 무렵, 아들이 이번에는 고개를 갸우뚱하며 돌아왔다.

"점심에 쓸 수 있는 돈이 정해져 있어? 선생님이 불러서 너무 많이 쓴다고 지적한 애가 있었거든. 나는 부르지 않았는데, 얼마 이상 쓰면 안 되는 거야?"

영국의 공립학교에는 무상 급식 제도가 있다. 생활보호와 실업보험 같은 정부의 각종 보조제도 대상이거나 특별히 세금 공제를 인정받은 저소득층 가정의 아이에게는 급식이 무상으로 제공된다. 초등학교에서는 모두 똑같은 급식을 먹기에 문제가 일어나지 않는다. 하지만 중학교는 다르다. 학생식당에서 아이들이 취향대로 식사, 간식, 음료 등을 구입하기 때문이다. 제도적으로 현금은 사용할 수 없기 때문에 선불방식으로 보호자의 계좌에서 급식비가 인출되는데, 그 때문에 무상 급식을 받는 아이들은 사용할 수 있는 돈에 한도가 있다. 신입생은 자칫하면 돈을 너무 많이 쓰다 학기가 끝나기도 전에 급식비가 떨어지기 때문에 교사가 미리미리 주의를 주는 듯했다.

아들이 다녔던 가톨릭 초등학교에는 무상 급식 대상인 아이가 거의 없었다. 그래서 아들은 무슨 일인지 영문을 몰랐던 것이다.

입학 첫날 아들에게 여름 방학 내내 배가 고팠다고 말한 소년의 이름은 팀이다. "위험한 곳"인 공영단지에 사는 아이다. 우리 아들은 중학생이라고 믿기지 않을 정도로 몸집이 작지만, 팀도 못지않게 작은 데다 깡마르기까지 했다. 팀은 사형제 중 셋째로 엄마는 싱글맘인 것 같았다.

"둘째 형도 우리 학교에 다니는데 식당에서 맨날 음식을 훔쳐 먹어."

"제일 큰형은 마약을 너무 많이 했다가 죽을 뻔한 적도 있었대."

아들이 들려주는 이야기를 듣다 보면 '가톨릭 학교에서는 절대 하지 않았을 거친 대화도 나누게 되었구나.' 하는 생각이 들었다. 하지만 나를 따라 밑바닥 어린이집을 다니던 무렵의 아들은 늘 그런 아이들에게 둘러싸여 있었다.

웰컴 백 투 더 리얼 월드. 푹신푹신한 거품에 둘러싸인 듯한 중산층의 세계에서 공부하던 아들은 갑자기 현실로 돌아왔다.

폭주하는 정의

팀네 집도 무상 급식 대상이었다.

둘째 형은 팀보다 세 살 많은 10학년인데 종종 샌드위치나 주스를 슬쩍하는 것 같았다. 이따금씩 훔쳐 먹으면 웬만해서는 급식비 한도를 넘기지 않기 때문이다. 이미 졸업했다는 맏형은 학교가 명실상부 밑바닥 중학교이던 무렵에 눈빛이 날카롭고 주먹이 강한 걸로 이름을 날린 '배드 보이'였다는데, 학생식당에서 음식을 훔쳐 먹는 둘째 형은 소심한 성격 탓에 괴롭힘을 당하고 있다고 했다. 하굣길에 괴롭힘을 당하다 피를 흘리며 돌아온 게 한두 번이 아니라서 아이 엄마가 항의한 끝에 다른 학생들보다 5분 일찍 귀가하게 되었다.

그런 사정 때문인지 보호자 면담 날 학교에서 슬쩍 인사했던 팀의 엄마는 무척 피곤해 보였다. 중학교의 보호자 면담은 초등학교와는 다르게 과목별 교사들이 강당에서 테이블을 하나씩 차지하고 있었다. 대강당에 서른 명, 소강당에 열 명 정도 교사들이 앉아 있는데, 보호자는 아이가 배우는 과목의 담당 교사들과 일일이 예약을 하고 테이블을 옮겨 다니며 면담을 해야 했다. 당연히 보호자는 누가 어떤 교사인지 전혀 모르기 때문에 아이와 함께 다니는 경우가 많았다. 나도 아들과 함께 강당을 우왕좌왕하다가 역시 아이들과 함께 온 팀의 엄마와 짧게 이야기를 나누었다.

우울증 때문에 약을 잔뜩 복용하고 있다는 팀의 엄마는 예상보다 꽤 어린 것 같았지만 흰 머리카락이 눈에 띄었고 창백한 얼굴에 화장기라고는 전혀 없었다.

"직장에서 전화가 오면 나가지만, 전화가 없으면 일하지 않는대."

아들이 이렇게 말한 적이 있다. 팀의 엄마는 고용주가 부를 때만 출근하는, 이른바 '제로아워 계약zero-hour contract'° 으로 일하는 것 같았다. 고용주의 사정에 따라 근무가 아예 없을 수도 있는 것이다. 오늘날 비슷한 싱글맘들이 많이 있다. 물정 모르는 사람들은 아직도 진보 정권 시절을 떠올리며 "생활보호를 받으면서도 계속 임신하는 경박한 여자들"이라는 등 "생활보호수당으로 성형수술을 하거나 해외여행을 다니는 프로 엄마들"이라는 등 비난하지만, 보수 정권의 복지 삭감을 견뎌온 공영단지의 싱글맘들에게 예전의 활기나 섹시함은 남아 있지 않다.

팀의 둘째 형도 함께 면담을 다니고 있었는데 엄마 뒤에 숨듯이 서 있었다. 몸집은 작아도 초록색 눈을 반짝이는 팀

° 시간을 정해두지 않고 고용주 요청할 때 일하는 노동 형태. 고용주는 최저임금을 제외하면 거의 아무것도 보장하지 않기 때문에 파트타임보다도 노동자의 권리가 제한된다.

과 달리 형은 누가 봐도 섬세하다고 할지, 한 대 때려도 절대 반격하지 못할 것 같은 신경질적인 10대였다. 하층 계급의 꼬맹이들이 모두 반항적이고 공격적일 거라는 생각은 큰 착각이다. 아무리 험악한 환경에서 자랐다 해도 공격적이지 않은 겁 많은 아이들도 있다.

아직도 내가 열 받는 사실은 그렇게 심약해 보이는 팀의 형을 괴롭힌 아이들이 우리 동네의 아이들, 심지어 호화롭게 리모델링한 집에 사는 아이들이라는 것이다.

아들의 말에 따르면, 애초에 팀의 형이 괴롭힘을 당하게 된 이유는 학생식당에서 훔쳐 먹던 버릇 때문이라고 한다. 도둑질은 범죄야, 네 도벽은 병이야, 이 도둑놈, 범죄자는 벌을 받아야 해. 동급생들이 이런 말을 하며 팀의 형을 괴롭히기 시작했고 점차 물리적으로 강도가 세졌다고 한다. 정의가 폭주한 것이다.

추측건대, 교사들이 여느 괴롭힘처럼 엄격하게 대응하지 않은 것도 도둑질이 확실히 잘못이기 때문 아니었을까. 학교 밖 상점에서 일어난 일도 아니고 한창 자라나는 10대가 무료 급식 제도로 쓸 수 있는 급식비를 고려하면 동정의 여지가 있긴 하다. 게다가 샌드위치 같은 건 유통기한이 지나면 어차피 폐기해야 하지 않는가. 교사들도 가해 학생들의 부모를 호출했다가 "우리 아이가 잘못하긴 했는데, 도둑질은 범죄 아닙니까?" 하는 말을 들어 귀찮아지기는 싫었을 것이다. 그래서 팀의 형을 5분 일찍 하교시켜 해결하겠다는 미적지근한 태도를 취한 것 같다.

그러던 어느 날, 하교하고 있을 아들에게서 전화가 걸려왔다.

"엄마, 빨리 와줘! 큰일 났어. 싸움이 붙어서 팀이 얻어맞고 있어!"

안절부절못하는 목소리로 애타게 부르기에 나는 신발을 대충 신고 뛰쳐나갔다. 우리 집 앞길에서 교복을 입은 남자아이들이 치고받으며 싸우고 있었다. 좀더 자세히 묘사하면 남자아이 대여섯 명이 팀의 가방을 빼앗아 던지면서 서로 주고받고 있었는데, 팀이 맹렬하게 돌진해서 그중 한 명을 머리로 들이받자 그 옆에 있던 두 아이가 팀을 밀어서 쓰러뜨렸다.

"이 녀석들, 뭐 하는 거야! 그만두지 못해!"

내가 소리치면서 달려가는데, 골목 모퉁이에서 키 큰 중학생이 불쑥 나타나더니 남자아이들 앞에 당당하게 서서 말했다.

"그 '퍼킹' 백이 누구 건 줄 아냐? 이 '퍼킹' 자식들아."

할리우드 배우 제이슨 스타뎀을 닮은 상급생은 눈썹을 밀었다고 착각할 정도로 모발이 옅은 백금빛을 띠었다. 그를 보자마자 팀을 괴롭히던 아이들은 혼비백산해서 달아났다.

"집에 가자."

제이슨을 닮은 중학생이 그렇게 말하며 몸을 돌리자 팀도 서둘러 따라갔다.

"저 애는 누구니?" 내가 묻자 아들이 가르쳐주었다.

"팀이랑 같은 단지에 사는 11학년 형이야. 다들 엄청 무서워해."

"그럴 만하네. 얼굴만 봐도 알겠다."

"엄마, 아까 좀 보육사 같았어."

아들이 웃으며 말하기에 "당연하잖아. 진짜 보육사니까." 하고 무례하다는 듯 퉁명스럽게 대꾸했다.

굳이 아들이 지적하지 않아도 폭력 사태를 멈추겠다는 내 목소리가 마치 BBC의 어린이 프로그램에서 노래하는 진행자 같았다는 걸 나도 알고 있었다.

만국의 좀도둑들이여, 단결하라

아들은 도둑질하는 팀을 목격한 동급생들이 그를 매도하면서 싸움이 벌어졌다고 했다. 처음에는 "그러면 안 돼."라며 정의의 사도답게 타이르던 아이들은 어느새 '범죄자'를 대하는 법의 파수꾼처럼 팀을 내려다보기 시작했고, 결국에는 "가난뱅이"라든지 "공영단지에 사는 사람들은 사회의 쓰레기"라고 너나없이 말하며 팀을 둘러싸고 폭력을 휘두르게 되었다는 것이다.

아들은 구 공영주택지의 이웃인 아이들, 즉 팀을 괴롭힌 아이들과 함께 하교하고 있었다. 아이들이 다 같이 팀을 공격하기 시작하자 아들은 말리려고 했지만, 점점 변하는 친구들의 표정을 보고 무서워져서 나에게 전화를 건 것이다.

"한 명 한 명은 좋은 애들인데 다들 갑자기 변했다니까. 무슨 일이 터질까 봐 심장이 두근두근했어."

기품 있는 가톨릭 학교를 다닌 아들은 폭력적인 괴롭힘을 본 적이 없었다.

"자신만이 정의라고 집단으로 믿어버리면, 인간은 미쳐버리거든."

"훔치는 건 좋지 않지만, 맘대로 죄인이라 단정하고 다 같이 괴롭히는 게 제일 나쁘지 않나."

"응, 엄마도 그렇게 생각해."

"신약성서에 요한복음을 봐도 '너희 중 죄 없는 사람이 먼저 저 여자에게 돌을 던져라.'라고 예수님이 말씀하셨잖아."

"…"

이 아이처럼 경건한 가톨릭 신자가 구 밑바닥 중학교를 다닌다는 사실은 관계자들에게도 신선하지 않을까.

그로부터 몇 주 뒤, 나는 생각지 못한 장소에서 제이슨 스타뎀을 닮은 백금발 소년을 다시 보았다. 바로 동네 중학교의 대강당에서 열린 음악부의 크리스마스 콘서트에서다.

그때껏 크리스마스가 되면 교회에 가서 아들이 다닌 가톨릭 초등학교의 성가대 공연을 관람하며 엄숙한 시간을 보냈다. 하지만 이 중학교의 강당에서 열린 콘서트는 밝고 활기가 넘쳤다. 연주하는 곡은 모두 음악부 학생들이 작사·작곡을 한 오리지널 크리스마스 송으로 한쪽에서는 연주곡의 CD를 판매하기도 했다. 음악실에 있던 녹음 장비는 이런 데 쓰기 위한 것이었나.

음악부에는 쿨한 아이들, 달리 말해 패션 감각이 남다른 아이들이 많다고 하는데, 이날만은 모두 크리스마스에 맞추어 촌스러운 스웨터를 입고 무대에 올랐다. 가슴팍에 순록이나 산타클로스가 있는, 이른바 '어글리 스웨터'라고 불리는 옷이다.

인디 록 계열도 있고 에드 시런Ed Sheeran처럼 읊조리는 노래도 있는 등 오리지널 크리스마스 송들은 중학생치고 매우 수준이 높았다. 한때 음악 칼럼니스트였던 내가 봐도 음악부에는 뛰어난 재능들이 꽤 모여 있는 것 같았다.

콘서트가 끝나갈 무렵, 눈썹이 없는 파충류처럼 무섭게 생긴 소년이 무대에 등장했다. 키가 크고 호리호리한 소년이 입은 스웨터에는 산타클로스 복장을 한 테디 베어가 있었다. 귀여운 스웨터를 입었지만 분명히 백금발 제이슨 스타뎀이었다.

'악기도 없는데 혼자 뭘 하려는 거지?' 하고 생각하는데 제이슨이 무뚝뚝하게 입을 열었다.

"나는 언덕 위 공영단지에 사는 래퍼입니다. 오늘은 내가 쓴 크리스마스 송을 부르겠습니다."

제이슨은 그렇게 말하고는 음향 담당을 보며 고개를 끄덕였다. 강당에 음악이 울리자 제이슨이 다그치는 듯한 랩을 시작했다.

아빠, 단지 앞에 쓰러져 있어

엄마, 술에 취해 꽥꽥대고 있어

누나, 인스타가 안 된다고 짜증 가득

할머니, 하수구에 틀니 빠져 망연자실

오븐 속의 칠면조가 타고 있어

나는 채소를 잘게 썰고 있어

아빠, 돈을 전부 써버려서

엄마, 싸구려 와인에 취해버려서

누나, 리벤지 포르노가 퍼져버려서

할머니, 틀니 없이 성탄절을 맞아버려서

어떡해야 칠면조를 먹을 수 있냐며

하염없이 울고 있어

나는 입 다물고 채소를 썰 뿐

크리스마스 송인데도 지독하게 어두운 탓에 관객 사이에서 웃음이 새어 나왔다. 주위를 둘러보다가 문득 깨달았다. 공연을 보는 보호자들이 재미있어하며 웃는 사람과 매우 불쾌해하며 얼굴을 찌푸리는 사람으로 양분되어 있었다.

내가 보기에 잔뜩 찡그린 이들은 공영주택과 민간주택이

얼룩덜룩 섞인 우리 동네의 주민들이었다. 반면 깔깔거리며 웃는 이들은 순수하게 공영주택만 있는 동네의 사람들이었다. 예전 같았으면 '노동자 계급의 마을'이라는 한마디로 정의되었을 하나의 지역인데, 이제는 뚜렷하게 분단이 진행되고 있었다.

누나, 새 남자를 데려왔다고
엄마, 칠면조가 너무 작다고
할머니, 이빨이 없어 먹을 수 없다고
아빠, 결국 죽은 거 아니냐고
단지 아래까지 보러 갔더니
개똥을 베개 삼아 자빠져 있어

점점 심각해지는 가사를 들으며 개인적으로는 웃었지만, 한편으로는 '중학교의 크리스마스 콘서트에서 뭐 저딴 노래를 부르는 거야.' 하고 불평하는 보호자가 있어도 할 말이 없을 것 같았다.

더없이 어두운 크리스마스 랩이 마지막에 접어들자 갑작스레 음악의 템포가 느려졌다. 눈썹이 없는 제이슨 스타뎀은 시를 낭독하듯 말했다.

하지만 달라

내년은 절대로 달라

누나, 엄마, 할머니, 아빠, 나, 친구여, 모든 친구여

내년은 달라, 다른 해가 될 거야

만국의 좀도둑들이여, 단결하라

등줄기를 타고 소름이 확 돋았다. "만국의 좀도둑들이여, 단결하라."는 영국의 전설적 록 밴드 더 스미스의 유명한 곡 명Shoplifters of The World Unite이기도 하다. '제이슨, 너는 계급투쟁이라도 시작할 셈이니.' 이런 생각이 들었다. 제이슨이 오른손을 허공에서 한 바퀴 돌리며 중세의 귀족처럼 과장스럽게 인사하자, 객석을 가득 채운 사람 중 적어도 절반은 커다란 박수를 보내며 한참 동안 환성을 멈추지 않았다.

무엇보다 강렬하게 기억에 새겨진 것은 강당 양끝과 뒤쪽에 서 있던 교사들이었다. 교장도, 교감도, 생활지도 담당도, 수학도, 체육도. 모든 교사가 '우리 학생이 이 정도야.' 하듯이 자랑스러워하는 표정으로 제이슨에게 박수를 보내고 있었다.

아직도 이런저런 문제가 남아 있긴 하지만, '밑바닥 중학교'에 '구'를 붙일 수 있게 만든 이들은 분명 거리낌 없이 박수를 보내는 저 교사들이었을 것이다.

콘서트가 끝나고 통로로 나가니 크리스마스풍 어글리 스웨터를 입은 역사와 물리 교사가 학생들의 곡이 수록된 CD를 팔고 있었다. 나도 한 장 구입했다.

"나도 학년이 올라가면 녹음할 수 있으려나."

아들이 말했다. 아들도 음악부원이긴 했지만, 올해는 전원이 참여한 곡에서 기타를 조금 쳤을 뿐이다.

"응, 열심히 하면 꼭 녹음할 수 있을 거야."

나는 그렇게 말하면서 CD 재킷의 곡 목록을 보았다. 제이슨의 '배드'한 랩은 무려 타이틀곡 자리를 차지하고 있었다.

스쿨
폴리틱스

겨울 방학이 끝나고, 2학기가 시작되자 비 내리는 아침이 계속되었다. 내가 운전을 하지 않기 때문에 아들은 비 내리는 날도 걸어서 통학을 했다. 그래서 학교에 도착하면 교복 소매와 바지가 흠뻑 젖는데, 그런 아들이 안쓰러웠는지 친구들이 서로 자기네 차를 타라고 꼬드기는 모양이었다.

고층 단지에 사는 팀은 아침에 비가 많이 내리면 무서운 맏형이 차로 학교까지 데려다준다. (도난 차량이라는 소문도 있다.) 마침 우리 집 앞을 지나가기 때문에 이틀 연속 아들을 태워준 적이 있다. 그러자 그 이야기를 들은 다니엘이 자기 집 BMW를 타고 가라고 집요하게 아들을 꾀는 듯했다.

"등교는 팀네 형 차를 타고, 하교는 다니엘네 엄마 차를 타는 게 제일 좋긴 해. 팀네 형은 아침에 데려다주면 저녁까지 일을 해서 집에 올 때는 태워주지 못하거든." 아들은 이러면서 고민했다.

"하지만 집에 갈 때만 태워달라고 하기는 어려우니까, 일단 탄다고 하면 결국 오갈 때 모두 다니엘네 차를 타게 될 거야. 처음 차를 태워준다고 한 건 팀인데, 그렇게 배신할 수는 없어."

"그냥 아침은 팀네 형, 저녁은 다니엘네 엄마가 너희 셋 모두 차에 태우면 가장 합리적이잖아."

내 말에 아들은 고개를 좌우로 획획 저었다.

"절대로 안 될걸. 걔들은 사이가 좋지 않거든. 어쩌다 내가 둘 사이에 끼어버렸어."

"친구들 사이에서 쟁탈전이 벌어진 거야? 인기쟁이네."

내가 웃는데 아들은 진지한 얼굴로 말했다.

"그런 게 아니야. 그 둘은 서로 혐오한단 말이야."

다니엘은 부모님이 헝가리 출신 이민자인데도 이민자를 차별하는 말을 내뱉을 때가 많다. 아들도 처음에는 그 때문에 다니엘과 싸웠지만 같이 뮤지컬에서 연기한 걸 계기로 사이가 좋아졌다. 그 뒤로 모범생인 아들이 인종차별에 대해 시끄럽게 잔소리를 한 덕분인지 요즘에는 다니엘도 전처럼 심하게 말하지 않는다고 했다. 하지만 다니엘은 언덕 위의 "차브 단지"라 불리는 곳에 사는 팀이 아들과 친하게 지내는 걸 흔쾌히 반기지 않았다. "그 녀석 가족은 반사회적"이라든가 "언더클래스underclass°랑 친해서 좋을 게 없다"고 말하곤 했다. 팀 앞에서까지 그러지는 않는다지만 누군가 나를 편견이 가득한 눈초리로 보면 모를 수가 없다. 팀은 팀대로 "망할 헝가리인"이라든가 "동유럽 촌놈"이라며 인종차별적인 말을 내뱉는다는데, 둘이 마주치면 분위기가 아슬아슬하다며 아들이 한숨을 쉬었다.

"그래, 둘이 그런 사이면 함께 다닐 수는 없겠네."

"응, 뭐가 이렇게 골치 아픈지 몰라. 초등학교에도 부모님이 외국인인 아이가 많았지만 귀찮은 일은 없었는데."

"가톨릭 학교 아이들은 국적이나 민족성이 달라도 가정환경은 비슷해서 그랬던 거야. 다들 아빠 엄마가 다 있고 무상급식 대상자도 없었잖아. 하지만 네가 지금 다니는 중학교에는 국적이나 민족성과는 기준이 다른 다양성이 있어."

"다양성은 좋은 거 아냐? 학교에서는 그렇게 배웠는데?"

<hr>

° 자원과 기회의 부족을 겪는 하층 계급을 뜻하는 말이기도 하지만, 영국에서는 일하지 않고 생활보호수당을 받아 생활하는 사람들을 지칭하는 용어다.

"맞아."

"그럼 왜 다양성 때문에 귀찮은 일이 생기는 거야?"

"원래 다양성이 있으면 매사 번거롭고, 싸움이나 충돌이 끊이지 않는 법이야. 다양성이 없는 게 편하긴 하지."

"편하지도 않은데 왜 다양성이 좋다고 하는 거야?"

"편하려고만 하면, 무지한 사람이 되니까."

내 말에 아들이 "또 무지한 게 문제인가." 하고 중얼거렸다. 전에 길에서 인종차별주의자의 욕설을 들었을 때도 내가 그 사람들이 무지해서 그런 말을 한 것이라고 했기 때문이다.

"다양성은 지긋지긋할 정도로 어렵고 귀찮지만, 무지를 없애기 때문에 좋은 거라고 엄마는 생각해."

내가 그렇게 말했지만, 아들은 알아들었는지 못 알아들었는지 불분명한 얼굴로 치즈 간식을 우적우적 먹을 뿐이었다.

며칠이 지나 또다시 비가 많이 내리던 아침, 팀이 전화를 걸어 여느 때처럼 형 차로 데리러 가겠다고 했지만 아들이 거절했다. 잠시 후 다시 한번 휴대전화 벨소리가 띠링띠링 울렸다. "됐어, 오늘은 괜찮아. 아빠가 차로 데려다준대." 하는 아들의 말소리가 들렸다. 아마 두 번째 전화는 다니엘 같았다.

"아빠가 데려다준다니, 밤새 운전하고 퇴근해서 막 곯아떨

어졌는데?"라고 말하자 아들이 "알아, 걸어서 갈 거야." 하고
는 현관문을 열었다.

영국인은 우산을 쓰지 않는다는 속설이 있는데 남자는 진
짜로 그런다. 초등학생 때까지는 우산을 들려주면 잠자코 쓰
지만, 중학생이 되자마자 "남자가 우산 같은 걸 쓰고 다니면
쿨하지 않아."라며 거부하기 시작한다.

"우산 쓰고 가! 다 젖잖아!" 우산을 들고 외치는 나를 돌아
보지도 않고 아들은 빗속의 도로로 뛰쳐나갔다.

아마 지금 저 아이에게 다양성이란 비를 쫄딱 맞는 것인
모양이다.

정체성은 하나가 아니야

아이 학교의 교장이 새봄을 맞이해 '부모님과 함께 걷기'
프로그램을 개최했다. 나도 참가해보았다.

어떤 프로그램인가 하면, 아이들의 등교 시간대에 교장이
보호자 몇몇을 인솔하여 함께 교내를 둘러보며 교실과 시
설 등을 안내해주는 것이다. 기본적으로 어느 학년의 보호
자든 참가할 수 있지만, 신입생을 받은 9월부터 반년 동안은

월 2회 진행하며 신입생 부모에게 예약 우선권이 주어진다. 교장은 4년 전 취임한 이래 보호자들과의 교류를 가장 중시하며 이런 이벤트를 자주 열고 있다.

약속 시간에 맞춰 학교에 도착하니 교장이 교문 앞에서 학생 한 명 한 명과 악수를 하고 있었다. 교장만이 아니다. 교감과 생활지도 교사가 나란히 서 있었다. 후문에도 다른 교사들이 다섯 명 정도 있었다. 현재의 교장이 취임한 이래 하루도 빼먹지 않고 매일 아침 반복된 일이라고 한다. 학생들과 일일이 악수를 나누며 맞이하는 것이 이 학교의 방침인 것이다.

"어서 오세요."

교장은 빙긋 웃으며 보호자들과도 악수를 했다. 예전에 럭비를 했다고 하는데 확실히 장신에 몸은 탄탄했고 커다란 손도 두꺼웠다.

"그럼 가시죠."

교장이 선두에 서서 교내를 걷기 시작했다. 복도는 사물함에 짐을 넣거나 왁자지껄 수다를 떠는 학생들로 어수선했다. 강당, 식당, 실내 수영장, 교실, 미술실, 무용실, 음악실, 교정. 교장은 가벼운 농담을 던지거나 보호자들의 질문에 답하며 학교 안을 안내해주었다.

나를 제외한 참가자는 모두 영국식 영어를 구사하는 백인이었다. 계급적으로는 거의 중산층일 것이다. 생각해보면 근처 초등학교에서 그대로 진학한 아이의 보호자는 전부터 이 중학교를 잘 알고 있을 테니 새삼스레 학교를 둘러볼 필요가 없을 것이다. 그에 비해 아이가 종교계 초등학교를 다녔던 보호자나 1지망이었던 다른 지역의 학교가 정원이 초과되는 바람에 2지망 또는 3지망이었을 이 학교로 떠밀린 아이의 보호자는 애초에 동네 주민이 아니라서 학교에 대해 제대로 알지 못한다. 주로 그런 보호자들이 '부모님과 함께 걷기' 프로그램에 참가하는 듯했다.

"GCSE 수험 과목을 선택할 때는 어떤 식으로 조언을 해주시나요?"

"학력별 학급 조정은 매 학기마다 새로 이뤄지나요?"

보호자들은 교장에게 가까이 다가가 적극적으로 질문을 던졌다. 나는 그 열기에 왠지 주눅이 들어 뒤로 좀 떨어져서 걸었는데, 교장이 멈춰 서더니 내가 일행을 따라붙을 때까지 기다려주었다.

"궁금한 건 없으세요?"

교장의 말에 나도 물어보았다.

"전부터 신경 쓰이는 게 있었어요."

"뭔가요?"

"이 학교의 홈페이지에는 '영국적 가치의 유지'가 교육 방침으로 쓰여 있잖아요. 요즘에는 '영국적 가치'가 아니라 '유럽적 가치'를 내세우는 게 바람직한 교육기관의 자세라고들 하는데, 어떻게 생각하시나요?"

내가 그렇게 묻자 교장은 똑바로 내 눈을 마주 보며 말했다.

"왜 둘 중 하나를 골라야 할까요?"

"네?"

"왜 '영국' 아니면 '유럽'으로 하나만 선택해야 할까요? 저는 양쪽 모두 좋다고 생각합니다. 최근에는 '유럽적 가치'를 강조하는 곳이 많아서 저희는 '영국적 가치'를 내걸고 있습니다. 균형을 잡기 위해서죠."

교장은 그렇게 답하고는 껄껄 웃었다.

아마 EU 탈퇴 국민투표를 전후하여 학교 방침에 대해 '우익적'이라는 비판을 수없이 들었을 것이다. 그런 사정을 말하는 듯한 웃음이었다.

나는 학교의 방침이 브렉시트^{Brexit, 영국의 EU 탈퇴} 투표보다 몇 년 앞서 정해진 것임을 알고 있다. 또한 학교에서 정의하는 '영국적 가치'가 '민주주의·법 정신·개인의 자유·상호 존중·다른 종교와 신념에 대한 관용'이라고 홈페이지에 분명히 쓰인 것도 알고 있다. 그중에 '우익적'이라고 할 만한 개념은 전혀 없다.

돌이켜 보면 내가 처음 보육사 자격을 취득했던 2010년 무렵에는 '잉글랜드적'을 우익적인 표현이라고 하며 앞으로는 '영국적'이라고 써야 한다고들 했다. '잉글랜드적'이라는 말은 스코틀랜드, 웨일스, 북아일랜드 등을 포함하지 않는 배타적인 말이지만, '영국적'은 영국 국적을 지닌 이주민까지 다 아우르기 때문에 더욱 올바른 표현이라고 한 것이다. 그랬는데 지금은 '영국적'을 위험한 말로 취급하며, '유럽적'이라는 올바른 표현을 써야 한다고 한다. 불과 십수 년 사이에 영국인에게 장려하는 정체성이 변화한 것이다.

"저는 잉글랜드인이자 영국인이고 유럽인입니다. 복수의 정체성을 지니고 있지요. 어느 하나를 고를 수는 없습니다. 아예 전부 쓰라는 분들도 있는데, 그러면 '잉글랜드적·영국적·유럽적 가치'라고 해야 할까요? 일단 너무 길긴 하네요."

교장은 웃으면서 말을 이었다.

"하나를 택하라고 강요하는 풍조가 최근 몇 년 동안 점점 강해지고 있습니다. 저는 그런 것이 점점 세상을 나쁘게 만들 뿐이라고 생각합니다."

교장이 그렇게 말했을 때 축구공이 굴러왔다. 교정의 반대쪽에서 체육 수업을 듣는 아이들이 축구를 하고 있었다. 교장은 이쪽으로 달려오는 아이들을 향해 공을 찼다. 공은 아이들의 머리 위를 훌쩍 넘어 단번에 운동장까지 날아갔다. "헉, 잘 찬다." 운동복을 입은 소년의 말에 교장은 "당연하지." 하고 웃으며 엄지손가락을 세워 보였다.

"전부 쓰려면 우리 집 애는 아일랜드인에, 일본인에, 영국인에, 유럽인에, 아시아인까지, 정체성이 무진장 길어지네요."

내 말에 교장이 답했다.

"그렇죠? 그런데 곰곰이 생각해보면 누구도 정체성이 하나뿐인 사람은 없어요."

어느 한쪽을 고르라든가 그중 하나를 내세우라며 서로 옥신각신하는 세상이 된 건 분명하다. 저기 축구장에도 동유럽인의 피가 흐르는 아이, 몇 대를 거스르면 인도계 선조가 있는 아이, 아일랜드인의 아이 등이 분명 있을 것이다. 유복한 집의 아이도, 그렇지 않은 아이도, 양친이 모두 있는 아이도, 싱글맘이나 싱글파더의 아이도 있을 것이다.

분단이란, 여러 정체성 중 하나를 타인에게 덮어씌운 다음 그보다 우월하다고 여기는 정체성을 골라 자신에게 둘렀을 때 일어나는지도 모른다. 그런 생각이 들었다.

엄마의 데자뷔

  '정체성 정치identity politics'라는 말이 있다. 쉽게 말해 인종, 젠더, 성적 지향 등 개인의 정체성 문제를 중시하는 정치다. 1980년대 이후 인종차별 및 성차별 반대, LGBT 운동 등이 일어나며 정체성 정치가 들끓던 시대가 있었다. 그 시절 우익이란 정체성 문제에 무감각하거나 아예 무시하는 사람이었고, 좌익이란 그런 우익과 투쟁하는 사람들이었다. 하지만 투쟁이 과열되며 폐해가 생겨났다. "오늘날 영국인은 모두 중산층이다."라는 토니 블레어 전 총리의 말이 상징하듯이 빈곤이나 격차, 노동문제 등을 다루는 계급 정치가 아예 잊혀버린 것이다. 현실에서는 빈부 격차가 커질 뿐 아니라 점점 계급이 고정되고 있다. 그런 현실이 브렉시트 투표의 결과에 영향을 미쳤을 것이라고도 한다.

  현실의 그런 분위기는 중학교 교실에까지 흘러들고 있다. 아이들은 훨씬 적나라한 형태로 복잡 미묘한 사회문제를 몸소 체험하고 있다. 그들이 원하는 바는 아니었지만.

  팀과 다니엘이 아들을 둘러싸고 벌인 비 오는 날 등교 문제는 비 오는 날이 줄어들면서 자연스레 진정되었다. 하지만 어느 날 마침내 팀과 다니엘은 교내에서 격렬하게 충돌해버렸다.

팀의 가방이 찢어져서 책과 노트가 쏟아지는 걸 본 다니엘이 "가난뱅이"라며 비웃자 팀이 "퍼킹 헝키hunky, 중유럽과 동유럽 출신자를 경멸하여 부르는 말"라고 받아쳤고, 뚜껑이 열린 다니엘이 팀에게 달려들어서 싸움이 벌어진 것이다. 젊은 남자 체육 교사가 금세 달려와서 두 사람 다 생활지도실로 끌고 갔다고 한다.

"납득할 수 없어. 팀이 훨씬 심한 벌을 받았다고. 다니엘은 방과 후에 조금 남기만 하면 되지만, 팀은 하루 종일 자습실에 격리돼야 하고 일주일이나 방과 후 봉사활동을 해야 해."

"인종차별적인 말을 해서 그런 거잖아?"

"하지만 다니엘도 팀한테 '가난뱅이'라고 했어. 나는 둘이 똑같이 잘못했다고 생각했는데, 친구들은 전부 인종차별이 더 나쁜 거래. 그건 불법이니까."

아들은 불만을 띤 말투로 계속 목소리를 높였다.

"인종차별이 불법이긴 해. 그런데 가난하거나 불우한 사람을 차별하는 건 합법이라니 이상하잖아. 정말로 그게 올바른 거야?"

"아니, 애초에 법은 올바르다는 전제가 틀렸다고 생각해.

법은 세상이 잘 돌아가기 위해 만들어진 거라서 반드시 올바르지는 않아. 하지만 나중에 또 법을 어기면 힘들어지니까, 그래서 팀한테 더 무거운 벌을 준 거 아닐까?"

"꼭 개를 훈련하는 것 같잖아."

아들의 진지한 눈빛을 마주하다 보니, 문득 나 자신도 그 나이로 돌아간 것만 같았다.

"작년 여름 일본에 갔을 때, 슈퍼마켓에서 엄마의 옛날 선생님을 만났던 거 기억하지?"

"응, 여자 선생님이었잖아."

"그분이 마침 엄마가 너랑 비슷한 나이였을 때 담임 선생님이었어."

"40년이나 전이네."

"맞아, 지금도 기억하는데 그 무렵에 엄마네 학교에서도 비슷한 일이 있었어."

나는 설거지를 멈추고 행주로 손을 닦으며 이야기를 시작했다.

"엄마가 다닌 학교 근처에도 사람들이 차별하던 동네가 있었어. 거기 사는 사람들은 오래전부터 '저기 사는 사람들이랑 놀지 마.'라든가 '저 동네 사람들은 우리랑 달라.'라고 딱히 이유도 없이 차별을 받았어. 엄마의 담임 선생님은 그때만 해도 대학교를 갓 졸업해서 젊고 참 예뻤는데, 그 차별받는 동네에 사는 사람과 사랑에 빠져서 결혼하려고 했어. 하지만 선생님의 가족은 '그 동네에 사는 사람과 결혼하는 건 허락할 수 없다.'라면서 강하게 반대했지. 선생님은 가출한 다음에야 간신히 결혼할 수 있었어."

"어떻게 선생님의 사생활을 그렇게 잘 알아?"

"시골이라서 뭐든 금방 소문이 돌거든. 어른들이 다 얘기하니까 알 수밖에."

"흠."

"어느 날 교실에서 싸움이 벌어졌어. 어떤 애가 다른 애한테 낡아빠진 집에 산다고 놀린 거야. 놀린 애는 집이 부자라서 지은 지 얼마 안 된 큰 집에 살았어. 놀림을 당한 애는 낡고 좁은 집에 살았고. 가난한 애는 자기 집을 부끄러워해서 절대로 친구들이 놀러 오지 못하게 하고 어디에 사는지도 감추려고 했어. 그런데 부잣집 애가 그걸 놀린 거야."

"너무하네."

"그래서 가난한 애가 분을 이기지 못하고 '너는 그 동네 사는 주제에.'라고 받아쳤어. 부잣집 애가 사람들이 차별하는 동네에 살고 있었거든. 그 말에 부잣집 애도 머리끝까지 화가 나서 둘은 팀이랑 다니엘처럼 서로 치고받고 싸웠어."

"그 뒤에 어떻게 됐어?"

"담임 선생님이 둘 사이를 말리며 끼어들었지. 가난한 애는 선생님이 뭐라 말하기도 전에 바닥을 보면서 울었어. 분명히 자기가 혼날 거라고 생각했거든. 자기가 욕한 그 동네에 선생님도 살고 있었으니까. 실제로 그 동네 사람과 결혼하느라 엄청 고생했다는 얘기를 어른들한테서 듣기도 했고."

"큰일 났네."

"그런데 선생님은 가난한 아이만 혼내지 않았어. 둘을 똑같이 혼냈어. '폭력은 말로도 휘두를 수 있어요. 두 사람 다 주먹보다 말로 맞는 게 훨씬 아팠지요?'라면서."

내 이야기를 들은 아들이 물어보았다.

"왜 선생님은 둘 다 똑같이 혼내셨을까?"

"물론 차별해서는 안 된다고 가르치는 게 중요하지만, 선생님은 좀 달랐어. 어느 차별이 나쁘다고 하기 전에 사람을 상처 입히는 건 뭐든 좋지 않다고 했어. 그래서 두 사람을 평등하게 혼낸 거 아닐까.

"…그 선생님 말이 진리네." 아들이 마음속에 새기듯이 말해서 나도 한마디 보탰다.

"응, 세상을 잘 돌아가게 하려면 필요한 말이야."

이튿날부터 아들에게는 새로운 임무가 생겼다. 다니엘과

팀이 학교에서 벌을 받는 중이라 싸울 수 없다는 사실을 역으로 이용한 것이다. 일부러 둘이 마주치는 상황을 만들어서 사이가 좋아지게 해주려는 모양인데, 식당에서도 교정에서도 좀처럼 뜻대로 되지 않는다고 했다. 하지만 얼마 전 체육 시간에 축구를 했을 때, 다니엘의 어시스트를 받아 팀이 골을 넣어서 한순간이지만 분위기가 괜찮았다고 한다.

"시간문제일 거야." 아들은 여유만만하게 장담했다. "저번에 다니엘이랑 둘이 점심을 먹었는데 엄마 선생님의 얘기를 들려줬어. 반 친구랑 싸웠다가 선생님한테 혼날 줄 알고 먼저 울었다는 일본 남자애의 이야기. 다니엘이 잠자코 잘 듣더라." 아들의 말에 나는 "아, 그래." 하고 짧게 답했다.

40년 전, 바닥을 보면서 울었던 가난한 아이는 실은 남자가 아니라 여자다. 그 아이가 지금 자신의 엄마가 되었다는 사실을 아들은 아직 모른다.

누군가의 신발을
신어보는 것

아들이 다니는 중학교는 매 학기마다 프로그레스 리포트 progress report라는 일종의 성적표를 온라인에 올리고, 희망자에 게는 출력물도 준다.

각 과목을 얼마나 이해했는지 5단계로 평가하는데 수업 태도 등도 평가에 반영된다. 아들은 입학 이래 두 과목에서 눈부신 성적을 유지하고 있는데, 바로 '연극'과 '라이프 스킬 교육'이다.

학교 뮤지컬 「알라딘」에 출연했을 때 보여준 열의를 떠올리면 '연극' 성적은 그럴 만하다고 납득이 된다. 그런데 '라이프 스킬 교육'이란 구체적으로 무엇일까?

학구적인 내용 외에 감성지수EQ와 관련된 것을 다루는 과목 같다고 상상했지만, 그래도 소통능력이나 자기제어능력 같은 걸 5단계로 가늠할 수는 없지 않을까 생각하여 아들에게 물어보았다.

"필기시험도 보는걸. 간단히 말해 시티즌십 에듀케이션citizenship education이야."

영국의 공립학교는 7~9학년에 해당하는 키 스테이지 3Key Stage 3부터 의무적으로 시티즌십 에듀케이션(시민교육, 정치교육, 공민교육 등으로 번역할 수 있겠다)을 교육 과정에 포함해야 한다. 영국 정부의 사이트에 가보면 중학교에서 이뤄지는 시티즌십 에듀케이션의 커리큘럼 요약을 볼 수 있다.

시티즌십 에듀케이션의 목적은 다음과 같다. "양질의 시티즌십 에듀케이션은 학생들이 사회에서 자신의 역할을 충실하고 적극적으로 수행할 수 있도록 도와주는 지식, 기술, 이해 등을 제공한다. 특히 시티즌십 에듀케이션은 민주주의와 정부, 법의 제정과 준수에 대한 학생들의 인식과 이해를 증진해야만 한다." 그와 더불어 "학생들이 정치나 사회의 문제를 비평적으로 탐구하여 마련한 근거를 바탕으로 타당한 주장을 펼치면서 논쟁할 수 있도록 수업에서 그와 관련한 기술과 지식을 가르쳐야 한다."라고도 쓰여 있다.

키 스테이지 3에서는 의회제 민주주의와 자유의 개념, 정당의 역할, 법의 본질과 사법제도, 시민활동, 예산의 중요성 등을 배우는 모양인데, 이렇게 정치적인 사안을 어떻게 열한 살짜리 꼬맹이들에게 가르치는 것일까.

"시험에는 어떤 문제들이 나왔어?"

내 물음에 아들이 알려주었다.

"엄청 간단해. 기말시험의 첫 번째 문제는 '엠퍼시empathy란 무엇인가?'였어. 그다음은 '아동의 권리를 세 가지 적으시오.'였고. 전부 쉬운 문제들이라 누워서 떡 먹기처럼 백점 받았어."

자신만만해하는 아들 옆에서 배우자가 말했다.

"그게 뭐야. 갑자기 엠퍼시가 뭐냐고 물으면 나는 한마디도 못 할걸. 그거 엄청 심오하다고 할까, 어렵지 않냐? 너는 뭐라고 답을 적었는데?"

"스스로 남의 신발을 신어보는 것."

'스스로 남의 신발을 신어보는 것'이란 영어에서 쓰이는 관용적 표현으로 타인의 입장에 서본다는 뜻이다. 엠퍼시는 흔히 '공감', '감정이입', '자기이입' 등으로 번역되는데, 확실히 남의 신발을 신어보는 것은 매우 적확한 표현이다.

"아동의 권리는 뭘 적었어?"

"교육을 받을 권리, 보호받을 권리, 자신의 이야기를 들어줄 권리. 다른 것도 있어. 놀 권리나 경제적으로 착취당하지 않을 권리. UN에서 아동의 권리에 관한 협약을 제정했거든."

영국의 아이들은 초등학생 때부터 아동의 권리에 대해 거듭해서 배우는데, 중학생이 되어 처음으로 아동 권리 조약이라는 형태로 UN에서 정해두었다는 역사적 경위를 배운 듯했다.

"그런 수업이 좋아?"

내 물음에 아들이 바로 답했다.

"응, 엄청 재밌어."

실은 내가 매일매일 글을 쓰면서 고민하는 문제를 중학교 1학년이 배운다는 것에 마음이 복잡했다. 하지만 시티즌십 에듀케이션 시험의 첫 문제에서 엠퍼시의 의미를 물었다는 걸 듣고는 내심 '호호.' 하고 감탄했다.

"엠퍼시라니, 시의적절하고 좋은 문제네. 지금 영국 사람들에게, 아니 전 세계 사람들에게 엠퍼시란 가장 절실하고 소중한 것이 되고 있으니까."

"응, 선생님도 그렇게 말했어."

아들이 자랑스럽다는 듯이 턱을 치켜들며 말했다.

"브렉시트나 테러 문제처럼 세계에서 일어나는 온갖 혼란을 극복하기 위해서는 나랑 다른 입장의 사람들, 나랑 의견이 다른 사람들의 기분을 상상해보는 게 중요하대. 그러니까 남의 구두를 신어보는 거야. 선생님이 앞으로는 '엠퍼시의 시대'라고 화이트보드에 커다랗게 적었는데, 바로 시험에 나오겠구나 싶었어."

곧잘 엠퍼시와 혼동되는 단어가 심퍼시sympathy다. 아이들이나 영어 초보자인 외국인들은 엠퍼시와 심퍼시의 차이점을 중점적으로 배우곤 한다.

옥스퍼드 영영사전의 홈페이지°에서 찾아보면 심퍼시는 다음처럼 정의되어 있다.

1. 누군가를 가엾게 여기는 감정, 누군가의 문제를 이해하여 걱정하고 있음을 표현하는 것.
2. 어떤 사상, 이념, 조직 등에 대해 지지하거나 동의하는 행위.
3. 비슷한 의견이나 관심을 지닌 사람들 사이의 우정이나 이해.

° oxfordlearnersdictionaries.com

한편 엠퍼시의 의미는 매우 간단하다.

타인의 감정이나 경험을 이해하는 능력.

결국 심퍼시는 '감정' 또는 '행위' 또는 '이해'지만, 엠퍼시는 '능력'인 것이다. 전자는 평범하게 동정하거나 공감하는 것을 가리키지만, 아무래도 후자는 그렇지 않은 것 같다.

케임브리지 영영사전의 홈페이지°에서 찾아보면 엠퍼시의 뜻은 다음과 같다.

자신이 타인의 입장이었다면 어떨지 상상함으로써
누군가의 감정이나 경험을 함께 나누는 능력.

즉 심퍼시는 가여운 사람이나 문제를 떠안고 있는 사람, 자신과 비슷한 의견을 지닌 사람을 보며 품는 감정이기 때문에 딱히 노력하지 않아도 자연스럽게 생겨난다. 하지만 엠퍼시는 다르다. 자신과 이념이나 신념이 다른 사람, 또는 그다지 가엾지는 않은 사람들이 어떤 생각을 하는지 상상해보는 능력인 것이다. 심퍼시가 감정적 상태라면, 엠퍼시는 지적 작업이라고 할 수도 있겠다.

EU 탈퇴파와 잔류파, 이주민과 영국인, 계급의 상하, 빈부의 격차, 고령층과 청년층, 이주민 사이의 수많은 층위 등 온갖 분열과 대립이 갈수록 심각해지는 영국에서 열한 살 아이들이 엠퍼시에 대해 배우고 있다는 사실은 주목할 만하다.

폭설 속의 과외 수업

3월이 되어서도 큰 눈이 내리는 해가 있는데, 영국에서는 2018년이 바로 그랬다.

눈이 내리면 영국에서는 온갖 것들이 멈춰버린다. 전철, 버스 등의 대중교통이 멈추는 데다 스노타이어를 끼우는 게 일반적이지 않은 탓에 눈이 쌓이기 시작하면 사람들이 여기저기에 차를 내버려두고 걸어서 귀가한다. 그래서 브라이턴처럼 언덕이 많은 동네에서는 도로 양쪽에 누구의 것인지 모를 차들이 쭉 늘어서 있는 진풍경이 펼쳐진다.

어린이집에서 대학교까지 모두 휴교하는데, 아이 학교에서도 아침 일찍 휴교 공지를 휴대전화 메시지로 보냈다. 언덕 경사면에 위치한 우리 집 주위는 온통 눈으로 뒤덮였다. 정글과 다름없는 우리 집 정원에 모여드는 새들이 눈 탓에 굶주

릴까 걱정되어 아침부터 뒤뜰에 새 모이 두는 작업을 하는데
친구한테서 전화가 걸려 왔다.

전화한 친구는 밑바닥 어린이집이 재작년에 문을 닫을 때
까지 함께 일했던 이란인 여성이다. 지금은 노숙자 지원단체
에서 운영하는 어린이집에 책임자로 있다. 전화를 받아보니
지원단체에서 사무소와 창고를 긴급 개방하여 노숙자들을
받아들이고 있는데, 식료품을 사러 가야 하는 차량이 눈 때
문에 옴짝달싹하지 못해서 근처에 사는 사람들에게 먹을거
리 지원을 요청하고 있다고 했다. 자원봉사자도 부족한 모양
이었다. 휴교 덕에 집에서 빈둥대는 아들을 데리고 도와주러
가기로 했다.

장화를 신고 갓 쌓인 눈을 힘껏 밟으며 아들과 함께 가방
을 두 개씩 들고 지원단체의 사무소로 향했다. 가방에는 티
백, 샌드위치용 식빵, 비스킷, 콩 통조림, 포테이토칩, 햄 등을
가득 담았다. 사무소 앞에 도착하자 마침 젊은 남성 자원봉
사자가 밖으로 나왔다. 그는 우리를 보고는 "고마워요. 두 분
은 목숨을 구한 거예요."라며 아들이 힘겹게 안고 있던 가방
을 받아 안으로 옮겨주었다. 사무소 안에는 우리처럼 식료품
을 들고 온 동네 사람들과 자원봉사자들이 이미 분주하게
움직이고 있었다.

"고마워! 티백도 이만큼이나 가져와서 다행이야. 순찰대가 따뜻한 차를 들고 거리로 나가야 하는데 티백이 거의 떨어져서 어떡하나 했거든."

친구가 부엌에서 얼굴을 내밀고는 기운찬 목소리로 말했다.

사무소 안에는 노숙자 넷이 깔개를 깔고 누워 있거나 앉아 있었다. 아들은 쭈뼛거리면서 눈이 마주친 사람에게 "헬로."라고 인사를 건넸다.

친구가 시키는 대로 식빵에 마가린을 발라서 햄 샌드위치를 만드는데, 아들이 문을 열고 밖으로 나가는 것이 보였다. 나도 서둘러서 따라갔다.

"왜 그래? 집에 돌아갈래? 엄마는 좀더 도와줘야 할 것 같은데."

내가 말을 걸자 아들이 돌아보았다. 왠지 눈가가 촉촉한 것 같았다.

"진짜 못된 말인 줄 나도 아는데, 냄새를 참을 수 없어서. 코로 숨을 쉬지 않다 보니까 답답해…"

난방을 세게 하느라 환기를 하지 않아서 확실히 노숙자들이 있는 실내에는 알코올과 소변이 섞인 독특한 냄새가 가득했다.

"집에 가도 괜찮아. 하지만 날씨가 안 좋으니까 같이 돌아가는 게 엄마 맘이 편하긴 한데."

내 제안에 아들은 잠시 생각하더니 답했다.

"부엌에서 같이 일해도 괜찮아?"

"당연하지." 나는 아들을 부엌으로 데리고 갔다. 노숙자 앞을 지나칠 때 아들의 얼굴이 살짝 굳는 것이 보였다.

부엌에서 만든 샌드위치와 홍차는 사무소와 창고에 있는 노숙자들뿐 아니라 순찰대에게도 건네주었다. 순찰대는 이런 날씨에도 길바닥에 있는 사람들에게 어디로 가면 좋을지 알려주기 위해 거리를 돌아다녔다. 이 사무소를 비롯해 교회, 카페, 나이트클럽 등이 눈이 내리기 시작한 어젯밤부터 노숙자들을 받아들이고 있다. 순찰대는 보금자리가 없는 사람들을 가장 가까운 긴급 피난소로 안내하는 것이다.

"올해는 진짜 노숙자가 많아. 재정이 긴축되면서 지자체는 아무런 긴급 지원도 할 수 없게 되었어. 민간에서 어떻게든 해야 해."

친구가 빵에 마가린을 바르며 말했다.

"긴축이 뭐예요?" 아들의 질문에 친구가 설명을 시작했다.

"이 나라의 주민들은 영국이라는 커뮤니티에 회비를 내고 있는데, 병에 걸리거나 일을 할 수 없는 등 곤란한 상황에 처하면 나라의 도움을 받기 위해서야. 그러니까 국가는 사람들이 곤란할 때 모아둔 회비를 사용해서 도와주는 상조회 같은 거지."

"그 회비가 세금인 거죠?"

"맞아, 그런데 긴축이란 회비를 거둔 정부가 회원들을 위해 돈을 쓰지 않는 거야."

"그러면 곤란한 사람들은 더 힘들어지잖아요."

"그렇지. 정말로 힘들어지니까 지금 이렇게 다 같이 샌드위치를 만드는 거야. 상조회가 기능하지 않으면 주민들이 선의로 움직일 수밖에 없거든."

"그래도 선의는 좋은 거지요?"

"응, 하지만 선의에 항상 기댈 수는 없어. 사람의 마음이란 금방금방 변하곤 하잖아? 그러니까 주민들의 세금을 갖고 있는 상조회가 본래 의무대로 곤란한 사람들을 도와줘야 해. 그건 선의와 상관없는 확고한 시스템이어야 하고. 긴축은 그런 시스템을 멈추는 거야. 그래서 이렇게 다들 모여서 노숙자들에게 피난소를 제공하거나 순찰을 하는 거지."

이란에서 학교 선생님이었다는 친구가 아들에게 시티즌십 에듀케이션을 하는 것만 같았다. 아들은 어린이집을 다닐 때도 친구를 곧잘 따라서 지금처럼 많은 것을 배우곤 했다.

It takes a village.

영국 사람들이 육아에 대해 이야기할 때 자주 써먹는 문장이다. '육아에는 마을 하나가 필요하다', 즉 아이는 마을 전체가 키우는 것이라는 뜻인데 아들 역시 부모와 학교 선생님의 힘만으로 자라지는 않았다. 오늘처럼 주위의 다양한 사람들이 이 아이를 길러준 것이다.

선의에 항상 기댈 수는 없지만

바쁘게 일하고 있는데 눈이 휘둥그레질 만한 장신의 미녀가 부엌으로 들어왔다. 그 여자는 무거워 보이는 가방을 테이블 위에 휙 내려놓고 "하이, 오랜만이네." 하고 나와 아들에게 웃으며 인사했다.

내 친구의 맏딸이다. 부모 곁을 떠나 잉글랜드 중부의 대학을 다닌 지 2년 정도 되었는데 주말을 맞아 오랜만에 브라이턴에 돌아온 모양이었다. 하지만 눈 때문에 전철이 멈춰서 돌아가지 못하고 이곳에서 엄마를 돕는 중이라고 했다.

"어땠어?" 친구의 질문에 딸이 답했다.

"슈퍼마켓 입구의 처마 밑에 한 사람 더 앉아 있어서 근처 카페로 안내했어. 그 카페는 빵이랑 티백은 있는데 햄이 아슬아슬하대."

"아, 여기에는 햄이 많으니까 좀 가져다줘."

"나이트클럽은 티백이랑 커피가 부족하다던데."

"커피는 있어. 동네 사람이 잔뜩 가지고 왔거든."

"그럼 좀 가져갈게."

순찰대는 긴급 피난소 사이에서 식료품 전달도 맡고 있었다. 친구의 딸이 카페에서 가져온 설탕을 건넸다.

지루한 듯이 부엌의 싱크대 앞에 서 있던 아들에게 친구의 딸이 말을 걸어주었다.

"같이 갈래? 좀 춥고 왕복 한 시간은 걸리지만, 운동이 될 거야."

"다녀올래? 여기 있어도 할 일은 없을 것 같은데."

나도 한마디 덧붙였다. 휴대전화가 있으면 게임이라도 할 텐데 집에 두고 와서 그럴 수 없다고 아들이 아까 전부터 중얼중얼했기 때문이다. 아들은 곧장 "나도 갈래요." 하더니 친구의 딸과 순찰대 파트너인 대학생 청년의 곁에서 뜨거운 홍차 타는 일을 거들기 시작했다. 커다란 가방을 받은 아들은 한 사람 몫의 식료품을 잔뜩 담아 짊어지고는 두 대학생을 뒤따라 밖으로 나갔다.

지역 라디오 방송국이 노숙자 지원단체의 사무소가 민간 지원의 중추가 되어 식료품과 담요 등을 기부받고 있다고 방송을 한 데다 사륜구동 자동차를 몰고 온 사람들도 있어서 점심을 앞둔 무렵에는 부엌에 발 디딜 틈이 없을 정도로 물자가 잔뜩 모였다.

이런 상황에서 기민하게 이뤄지는 영국의 '풀뿌리 상부상조'는 놀라울 정도다. 2017년 런던의 그렌펠 타워에서 화재가 발생했을 때도 마찬가지였다.

영국에서 부유한 지역으로 손꼽히는 켄싱턴 앤드 첼시의 한구석에 자리한 그렌펠 타워는 주로 저소득층이 거주하던 24층짜리 고층 아파트였다. 그곳에서 일어난 화재는 70명 이상의 목숨을 앗아간 대참사가 되었다. 조사 결과 건설비를 줄이기 위해 마땅히 사용해야 하는 단열재를 빼먹고 스프링클러도 설치하지 않은 바람에 불이 빠르게 번져 많은 이들이 희생되었다는 사실이 밝혀졌다. 그 후 그렌펠 타워 화재는 영국의 격차 문제를 상징하는 사건으로 불리고 있다. 그런데 화재가 일어났을 때 정부보다 먼저 움직인 이들이 바로 민간인이었다. 막대한 식료품과 의류, 침구류 등이 순식간에 모여들었고 지자체와 자선단체가 소화해내지 못할 정도로 많은 자원봉사자들이 현장에 몰렸다.

풀뿌리에 자리한 상부상조 정신은 매우 중요하다. 영국의 중학교에서는 시티즌십 에듀케이션의 일환으로 시민활동의 의의와 종류, 역사 등을 가르치고 현장연수도 간다. 영국에서 비상시에 재빠르게 이뤄지는 상부상조는 그저 개인의 선의에 기대어 이뤄지는 것이 아니라 교육이라는 시스템 속에 그 정신이 확실히 뿌리를 내리고 있다고 봐야 할 것이다.

부엌의 카운터에서 일회용 컵에 토마토 수프를 따르고 있는데 갑자기 커다란 목소리가 울렸다. 젊은 남성 자원봉사자가 서둘러 그쪽으로 뛰어갔다. "젠장!" "이 새끼가!" "개자식아!" 같은 욕설이 드문드문 오가는 가운데 "두 분 다 진정하세요!" 하는 자원봉사자의 외침이 들렸다. 아무래도 노숙자 사이에 싸움이 벌어진 것 같았다.

친구가 건네는 수프를 받던 노숙자 청년이 겁먹은 듯 새파랗게 질려서 신경질적으로 손을 부들부들 떨었다. 친구가 익숙하다는 듯이 "괜찮아. 잠깐 말싸움하는 거야. 금방 조용해질 거야. 괜찮으니까 안심해." 하며 청년의 등을 쓰다듬었다.

"아이들이 순찰에서 돌아오면 슬슬 집에 가봐. 어린애들이 감당하기에는 상황이 좀 힘들어질지도 몰라. 좁은 데 여럿이 있다 보면 짜증을 내는 사람도 있으니까."

친구가 나를 보며 말했다.

잠시 뒤에 아들 일행이 돌아왔다. 나는 코트를 입고 인사를 한 다음 아들과 함께 사무소 밖으로 나왔다.

"어땠어? 아직 바깥에 앉아 있는 사람이 있었어?"

집으로 가는 길에 아들에게 물어보았다.

"아니, 바깥에는 더 이상 사람이 없었어. 카페나 나이트클럽에 몇 명 있긴 했고. 나이트클럽에 피신한 사람들한테 홍차를 따라주는 걸 도왔어."

아들은 그렇게 말하고는 내 얼굴을 보았다.

"처음에는 좀 무서웠어. 솔직히 말해서 냄새가 고약한 사람도 있었고, 술에 취한 것처럼 눈빛이 멍한 사람도 있었고."

"그래."

"그래도 왠지 나를 귀여워해줬어. 아직 초등학생인 줄 알았나 봐. '착하네. 장하다.' 하면서 이런 걸 주기도 했어."

아들은 호주머니에서 포장지에 싸인 작은 사탕을 꺼내 보였다. 사탕은 한 차례 녹아서 모양이 무너졌다가 그 상태로 다시 굳은 듯했다. 포장지만 봐도 꽤 오래된 것 같았다.

"노숙하는 사람한테서 뭔가 받아도 되는 건지, 보통은 그 반대가 아닌지 잠깐 생각했어. 그래도 엄마, 이 사탕은… 선의겠지?"

아들이 말했다.

"응."

"선의에 항상 기댈 수는 없다고 했지만, 그래도 있긴 있네."

기쁜 듯이 웃는 아들을 보고 있으니 불현듯 엠퍼시라는 단어가 떠올랐다.

선의가 엠퍼시와 연결되는 것 같았기 때문이다. 얼핏 생각하면 감정적인 심퍼시가 선의와 관련 있을 것 같지만, 의견이나 처지가 비슷한 사람들과 공감하는 데에는 굳이 선의가 필요 없다.

인간이 남의 신발을 신어보려 노력하는 것. 그렇게 한번 분발하게 하는 원동력. 그것이야말로 선의, 아니 선의와 가까운 무언가가 아닐까.

"내일도 학교 쉬려나?"

"선생님들이 지금 다 같이 눈을 치우는 것 같아. 쉬지 않을 것 같은데."

"그렇구나… 그럼 너 숙제해야겠다."

숙제는 아이만 해야 하는 것이 아니다.

엄마도 앞으로 고민해야 할 커다란 숙제를 받았다.

수영장의 이쪽과
저쪽

아들이 시에서 주최하는 중학교 수영 대회에 출전했다.

몸집이 작고 딱히 운동신경도 좋지 않아서 마라톤이나 축구 등에서는 학교 대표로 뽑히지 않는데, 수영만은 사정이 다르다. 나는 후쿠오카의 바닷가 마을 출신인데, 내 고향 주변에서는 수영이 걷기나 마찬가지라서 어느새 헤엄칠 수 있는 게 당연했다. 내 아이 역시 애초에 수영을 못 한다는 선택지는 없었다. 게다가 아들은 어릴 적부터 후쿠오카에 갈 때마다 할아버지에게 단련을 받았다. (아버지가 아들을 바다에

던져 넣었을 때는 아무리 나라도 "그건 하지 마!"라고 화를 냈지만.)
그러니 아들이 쑥쑥 수영할 수 있는 것은 태어나기 전부터
정해진 운명이나 다름없었다.

이런 집안 사정 덕에 수영만은 잘하는 아들이 7학년 대표
로 선발되었다고 해서 나도 시민 수영장에 대회를 보러 갔다.

시민 수영장의 2층 관중석에는 자리가 약 250석 있는데
거의 꽉 차 있었다. 나는 가장자리에 빈자리를 찾아 앉았
다. 수영장을 내려다보니 마침 옷을 갈아입은 아이들이 풀
사이드로 나와서 학교별로 정해진 위치에 모이는 참이었다.
아들이 보여서 손을 흔들자 아들 역시 웃으면서 손을 흔들
어주었다.

그 순간 옆자리에 앉아 있던 금발 여성이 자리에서 일어나
더니 크게 외쳤다.

"제시, 힘내!"

샤워실에서 나와 수영장으로 향하던 소녀가 이쪽을 보며
엄지손가락을 세워 보였다.

옆자리 엄마의 억세 보이는 팔에는 쇠사슬을 휘감은 장미
문신이 그려져 있었다. 얼굴의 절반은 될 법한 커다란 링 귀
고리에 머리는 뒤로 당겨 묶었고, 아디다스의 체육복 바지에
하얀 러닝셔츠를 입었다. 얼굴에 피어싱한 장신구들이 반짝

반짝 빛을 냈다.

잠시 멍하니 수영장을 내려다보는데 문득 기묘한 점을 눈치챘다. 아이들이 풀 사이드 한쪽에 유난히 많이 몰려서 반대쪽은 텅텅 비어 있었던 것이다. 저쪽으로 배정된 학교가 지각하는 것일까. 풀 사이드 양쪽의 너무 다른 인구 밀도에 정신이 팔렸는데, 옆자리의 장미 문신 엄마가 말을 걸었다.

"어느 학교 응원 왔어요?"

나는 아들 학교 이름을 댔다.

"아, 요즘 분발하고 있는 그 학교. 우리 딸은 W 중학교."

그곳은 불과 몇 년 전까지 아들이 다니는 구 밑바닥 중학교와 함께 중학교 랭킹 최하위를 경쟁하던 학교였다. 구 밑바닥 중학교가 랭킹을 중위까지 끌어올린 뒤로는 현 밑바닥 중학교의 지위를 독점하고 있다. 예전에 아들이 "그 학교 축구팀과 경기를 하면 살아서 돌아오지 못한대."라고 말했었다.

"따님은 몇 학년이에요?"

내가 묻자 장미 문신 엄마가 가르쳐주었다.

"9학년. 매년 이 대회에 출전했는데 몇 번을 와도 내가 더 긴장돼."

"우리 애는 7학년이라 올해가 처음이에요… 그런데 왜 풀 사이드 이쪽에만 애들이 몰려 있어요? 저쪽은 빈 공간이 많으니까 몇 학교는 옮겨도 좋을 것 같은데.”

내 의문에 장미 문신 엄마가 답을 알려주었다.

“아, 저기는 ‘명품 학교’ 전용이라서.”

“명품 학교? 사립학교라고요?”

“맞아요. 수영장 이쪽은 공립학교, 저쪽은 사립학교.”

나도 모르게 옆자리 엄마의 얼굴을 보았다.

“공립학교랑 사립학교가 다른 풀 사이드를 쓴다고요? 왜
다 같이 쓰지 않고요?”

“그런 걸 내가 어떻게 알아요.”

옆자리 엄마가 지당한 답을 했다.

“어쨌든 매년 이러고 있어요. 뭐 규칙이 있는 거 아닌가?”

그렇게 공립과 사립을 나누니 풀 사이드 한쪽만 만원이고
다른 쪽은 여유로운 것도 당연하다. 공립학교가 사립학교보
다 많기 때문이다.

나는 지금껏 여러 글에 영국은 계급사회라든가 소셜 아파
르트헤이트 같은 말이 등장하고 있다고 써왔지만, 이렇게 노
골적인 형태로 목격하면 아직도 깜짝 놀라곤 한다.

주위의 보호자들을 둘러보았다. “풀 사이드 양쪽에 학생
수 차이가 심하니 어떻게 좀 하면 안 되나.” 이런 말을 하는
사람은 나뿐인 것 같았다. 일본 출신인 나는 공립이든 사립

이든 모두 같은 중학교이니 알파벳 순서대로 균형 있게 배분하면 좋지 않을까 생각하지만, 아무래도 나와는 다른 가치관, 정반대의 상식이 수영장을 지배하고 있는 듯했다.

풀 사이드 이쪽에서는 수영복을 입은 중학생들이 어깨가 스칠 정도로 가까이 서서 몸을 움츠리고 있었다. 영어에서는 인간이 다닥다닥 붙어 있는 걸 '통조림에 든 정어리' 등으로 비유하는데 그야말로 정어리 통조림을 떠올리게 하는 광경이었다.

풀 사이드 저쪽은 공간이 남아돌아서 학생들이 허리를 돌리며 준비운동을 하거나 앉아서 우아하게 다리를 뻗거나 서로 웃으며 이야기를 나누었다. 정어리 통조림 같은 이쪽이 서민들의 자리라면, 저쪽은 특권층이 쉬고 있는 휴가지 같았다. 이 말은 결코 비유가 아니다. 실제로 서민과 특권층의 아이들이 분리되었기 때문에 빈정대는 웃음조차 지을 수 없었다.

문득 풀 사이드 저쪽에 서 있는 한 소녀가 눈에 들어왔다. 키 크고 늘씬하며 비욘세Beyonce의 동생인 솔란지Solange를 조금 닮은 흑인 소녀가 지그시 이쪽을 보는 것 같았기 때문이다.

'어디서 만난 아이 같은데.'

이런 생각이 들었지만 내가 특권층 아이와 접촉한 적이 있을 리가 없었다. 나는 생각을 바로잡고 어른스러운 소녀에게서 눈길을 돌렸다.

기묘한 수영 대회

경기가 시작되자 나는 더욱 기묘한 사실을 눈치챘다. 시민 수영장은 레인이 여섯 개밖에 없어서 모든 학교의 선수들이 한꺼번에 경주할 수는 없었다. 그래서 학년별, 종목별로 전부 남녀 2회전씩, 총 4회 경기를 진행했다. 예컨대 7학년생 배영 경기는 남자 2회, 여자 2회 같은 식이다. 대회에는 총 9개교가 참가했기 때문에 보통은 5개교, 4개교 또는 4개교, 5개교로 1회전과 2회전의 선수 수를 비슷하게 나눌 것이다. 그런데 모든 종목에서 1회전은 6개교, 2회전은 3개교가 경쟁을 벌였다. 그렇게 하면 경쟁자가 더 많은 1회전에 출전한 선수들의 이길 확률이 더 낮을 수밖에 없다. 공정하지 않은 것이다.

왜 그렇게 나누었는지 곧 알게 되었다. 1회전에는 풀 사이드 이쪽의 선수 여섯 명이 출전했고, 2회전이 되자 저쪽의 선수 세 명이 출발대에 섰기 때문이다.

선수들이 대기하는 장소만 풀 사이드 양쪽으로 나뉜 것이 아니라 경기도 서민 계급과 특권 계급이 따로 하는 것이었다.

"공립학교랑 사립학교는 같이 수영하지 않네요. 매년 그랬어요?"

옆자리의 장미 문신 엄마에게 물어보았다.

"응, 매년 똑같이."

"철저하게 나누네요."

경기를 더 지켜보며 이 수영 대회가 영국 사회의 고된 현실을 적나라하게 보여주고 있음을 깨달았다.

공립학교들이 겨루는 1회전에서는 거의 매 경기 두 학교가 번갈아 1위를 차지했다. 이 지역의 공립학교 랭킹에서 1위를 질주하고 있는 공립 가톨릭 학교, 또는 랭킹 2위인 고급 주택지의 학교였다.

일단 여섯 명의 선수들이 출발대에 서기만 해도 두 학교의 선수는 바로 눈에 띄었다. 프로 선수처럼 본격적인 경기용 수영복을 입었기 때문이다. 즉 두 학교의 선수들은 어릴 적부터 민간 수영 교실에서 훈련했고 지금은 수영 클럽에서 선수로 활동하고 있다는 뜻이다. 결코 초보가 아니라고 수영복으로 말하는 것이다. 두 학교 선수들의 입수 자세, 경기

운영, 25미터 반환점에서 턴하는 방식 등을 보니 더 명확해졌다.

장미 문신 엄마의 딸이 다니는 현 밑바닥 중학교의 선수들은 여름 방학에 바닷가에나 가져갈 법한 수영복을 입고 있어서 한눈에도 초보 같았다. 입수 역시 태연하게 배부터 첨벙 빠지는 게 주변의 흔해빠진 중학생이었다. 폼은 꼴사나웠고 정식으로 턴하는 방법도 몰라서 일단 멈춘 다음 레인 끝을 손바닥으로 한번 치고 돌아섰다. 그런 실력이라 자칫하면 1위보다 20미터씩 뒤졌다. 그들은 거의 매 경기 최하위였다.

사립학교 선수들끼리 겨루는 2회전은 서로 수준이 엇비슷하긴 했다. 다만 2회전은 공립학교의 경주인 1회전과 아예 다른 종목이라고 해도 무방했다. 올림픽 선수처럼 아름다운 입수, 불과 몇 번의 스트로크만으로 25미터를 나아가는 우아한 폼, 그리고 물속에서 빙글 회전하는 턴까지 언어빼칠 정도로 화려했다.

공립학교와 사립학교 선수들을 섞어서 경기를 치르면 분명히 실력 차이가 너무 많이 나서 경쟁 자체가 안 될 것이다. 같은 학년 중학생을 가리켜 어른과 아이 정도로 차이가 난다고 표현하는 것도 이상하지만, 그만큼 절대로 서로 경쟁할 수 없었다.

남녀 배영 계주까지 마치자 일단 경주를 중단하고 각 학년의 1위부터 3위까지 선수에게 메달을 수여했다. 경주별로 메달을 주면 사립학교는 단 3개교가 경쟁했기 때문에 세 선수가 모두 메달을 받는 상황이 되어버린다. 그래서 메달만은 공립과 사립을 나누지 않고 경기 중 기록을 비교해서 금, 은, 동을 가렸다. 3위부터 순서대로 학교와 학생의 이름을 부르자 선수가 메달을 받으러 앞으로 나섰다. 당연하게도 호명되는 선수는 대부분 사립학교 학생들이었다. 이따금씩 가톨릭 학교나 고급주택지 학교의 학생이 2위나 3위를 차지하기도 했지만, 구 밑바닥 중학교를 비롯한 소위 '평범한 학교'의 학생들은 메달을 받지 못했다.

공립학교끼리 펼치는 경주를 보면서 수영의 순위 역시 학교 랭킹과 완전히 똑같다는 것을 알 수 있었다. 학업이 우수한 학교는 운동도 우수했던 것이다.

영국에는 수영장이 없는 공립학교가 꽤 많아서 학교에서는 수영을 살짝 맛보기 정도로만 가르친다. 결국 아이가 수영을 얼마나 잘할지는 학교 밖에서 받는 훈련에 달려 있다.

우수한 공립학교가 있는 지역은 집값이 뛰어 고급주택지가 형성되는데, 그런 동네에 살 수 있는 부모라면 아이의 수영 강습을 뒷받침할 만한 경제적 여유도 있다. 가톨릭교회에 소속된 아이를 가톨릭 학교에 보내는 보호자들 역시 압도적으로 중산층이 많다. 결국 부모의 소득 격차가 그대로 아이의 운동능력 격차로 이어져버리는 것이다.

일찍이 공부를 못하는 아이는 운동을 잘한다고 말하곤 했다. 노동자 계급의 아이가 부자가 되려면 축구 선수나 연예인이 되어야 한다던 시절도 있었다. 하지만 이제는 부모에게 돈이 없으면 아이도 무언가를 빼어나게 잘하기 어렵게 되었다. 그런 현실이 눈앞에 생생히 펼쳐지는 것을 보면서 기분이 너무나 어두워졌다.

시상식이 끝나고 자유형 50미터 경기가 시작되어 7학년 남자 부문에 아들이 출전했다. 본격적인 민간 수영 교실이나 클럽에 가본 적은 없지만, 그래도 시가 운영하는 수영 교실에서 8년 동안 배운 덕에 일단 입수나 턴은 제대로 할 줄 알았다. 게다가 저 아이는 후쿠오카의 바다에서 토건업자 할아버지로부터 직접 훈련을 받은 실전파이기도 하다.

'수영 교실이 대수냐. 아기 때부터 현해탄의 거친 파도에 던져졌던 꼬맹이의 오기를 보여줘!' 이렇게 생각했는데 아들이 싱겁게 1위를 차지했다.

구 밑바닥 중학교의 학생들과 선생님들이 방방 뛰며 기뻐했다. 하지만 1회전에서 1위를 한들 사립학교 경주에 나올 더 대단한 선수들이 더 짧은 시간을 기록할 게 분명하기 때문에 아들은 메달을 받지 못할 것이다.

서민 계급과 특권 계급 사이에는 넘지 못할 높다란 벽이 버티고 있었다.

품위 없는 탄환 소년

앞서 말한 대로 화려한 실력을 뽐내는 선수들은 사립학교 경주에 몰려 있었기 때문에 공립학교의 경주는 그보다 수수하긴 했다. 하지만 9학년 남자 자유형 50미터 경주에서 그런 양상이 단숨에 변했다.

공립학교 경주에 느닷없이 화려한 무늬가 들어간 해수욕 바지를 입은 선수가 등장했다. 헐렁헐렁한 바지에 검정 고글을 쓴 모습은 영락없이 선글라스를 걸치고 해변을 어슬렁대는 한량 같아서 수영 대회와는 어울리지 않았다. 그런데 그 소년, 터무니없이 빨랐다. 우아하게 수영하지는 않았지만 넘치는 에너지로 마치 탄환 같은 압도적인 속도를 자랑했다. 결국 2위인 선수가 반환점을 도는 것과 거의 동시에 50미터를 완주했다.

"고! 고! 잭!"

옆자리의 엄마가 자리에서 일어나 큰 소리로 응원했다. 주위를 둘러보니 여기저기에서 환성을 지르며 응원하는 아줌마와 아저씨들이 눈에 띄었다. 탄환 소년이 1등으로 들어오자 장미 문신 엄마는 "꺄아아아!" 하고 거의 광란하듯이 소리를 지르며 두 팔을 들고 깡충깡충 뛰었다.

"저 애, 우리 학교 애예요! 우리의 영웅이에요!"

장미 문신 엄마가 흥분해서 말했다.

"엄청 빠르네요. 사립학교 애들보다도 빠를 것 같아요."

"당연하지. 저 애는 초등학생 때부터 재능이 대단해서 공짜로 훈련을 받고 있는걸. 코치와 함께 전국을 돌면서 이런저런 대회에 나가고 있어요."

옆자리의 엄마는 마치 자기 아이인 양 자랑스러워하며 설명했다.

전속 코치가 있고 대회에도 출전하고 있다면, 저렇게 야자나무가 그려진 해수욕 바지가 아니라 제대로 된 경기용 수영복이 있을 것이다. 저 애는 일부러 저런 바지를 입은 것일까? 동네의 중학교 수영 대회 따위 처음부터 깔봤기 때문일까? 이런 생각을 하는데 다시금 경주가 중단되고 시상식 차례가 되었다.

평영 50미터부터 메달을 주기 시작하여 자유형 50미터 결과를 발표하는데, 웬걸, 7학년 남자 부문에서 아들이 3위로 호명되었다. 구 밑바닥 중학교의 첫 메달이었다. 풀 사이드 이쪽에 있는 아들 학교의 진지에서 함성이 터졌고, 아들은 좀 쑥스러운지 머뭇거리며 앞으로 나가 메달을 받았다. 다른 공립학교의 선수와 교사도 힘찬 박수를 보내주었다.

이윽고 자유형 50미터 9학년 남자 부문 차례가 되었다. 사이클 선수처럼 착 달라붙는 경기용 수영복을 입은 사립학교 선수들의 이름이 동메달, 은메달 순서로 불렸다. 그들은 메달을 받고 '이쯤이야 당연하지.' 하는 듯한 당당한 표정을 지으며 풀 사이드 저쪽으로 돌아갔다.

그다음으로 1위 선수의 학교와 이름을 사회자가 불렀다. 옆자리의 장미 문신 엄마를 비롯해 관중석 여기저기에 흩어져 있는 현 밑바닥 중학교의 관계자들, 풀 사이드에 있는 현 밑바닥 중학교의 학생들과 교사들이 일제히 "와!" 하고 노도와 같은 함성을 터뜨렸다. 탄환 소년이 현 밑바닥 중학교의 진지에서 금메달을 받으러 앞으로 나섰다. 공립학교의 첫 금메달이다.

탄환 소년은 메달을 받더니 풀 사이드 이쪽을 향해서 양팔을 들고 과장스럽게 알통을 자랑했다. 그러고는 요란한 몸

짓으로 몇 번이고 손 키스를 날렸다.

관중석에 있는 현 밑바닥 중학교의 엄마들은 난리도 아니었다. 입 속에 엄지와 검지를 넣어 높다란 휘파람을 불기도 했고, "재애애애애액!" 하고 비명에 가까운 소리를 내기도 했다. 담담하고 기품 있게 진행되던 시상식이 순식간에 저스틴 비버의 콘서트처럼 변했다.

저 아이는 어쩜 저렇게 서비스 정신이 투철할까. 소년의 서비스는 현 밑바닥 중학교의 관계자에게만 보내는 것이 아니라 명백하게 풀 사이드 이쪽의 학생들 모두에게 향하는 것이었다. 애교심이 아닌 '애계급심'이라고 해야 할까. 영국의 노동자 계급에는 그런 구석이 있다. 마치 "하층이면 어떠냐! 품위 없으면 어떠냐!"라고 외치는 것 같다.

저런 불손함의 근원에는 자신들의 계급에 대한 자존심이 있을 것이다. 잭이라고 하는 탄환 소년도 대회에서 메달을 받을 때마다 저렇게 손 키스를 날리지는 않을 것이다.

공립학교의 아이는 사립학교의 아이에게 좀처럼 이길 수 없는 현실, 공립학교의 선수가 통조림에 든 정어리처럼 좁은 공간에 다닥다닥 붙어 있는 상황. 잭은 그런 것들을 있는 힘껏 웃어넘기려는 것 같았다. 풀 사이드 이쪽의 10대들도 모두 수영장이 떠나가라 힘차게 박수를 보냈다.

서민 계급과 특권 계급.

'99퍼센트와 1퍼센트'라는 말이 떠올랐다. 이 수영장의 경우에는 6개교와 3개교이지만.

그런 생각을 하며 수영장을 내려다보는데, 불현듯 풀 사이드의 저쪽에서 솔란지를 닮은 여자아이가 또 이쪽을 쳐다보는 것만 같았다.

대회가 끝나고 시민 수영장의 현관 앞에서 아들이 나오길 기다렸다. 차례차례 옷을 갈아입은 학생들이 나와서 친구나 가족과 합류해 웃고 떠들며 떠나갔다.

곧 아들도 나와서 "잘했어."라고 말을 거는데, 솔란지를 닮은 흑인 여자아이가 명문 사립학교 교복 차림으로 나오는 게 보였다. 기품 있는 중산층 같은 금발의 중년 여성이 "리애나!" 하고 손을 들며 부르자 여자아이는 싱긋 웃으며 금발 여성에게 다가갔다. 여성은 아이의 어깨를 감싸 안고 함께 주차장으로 걸어갔다.

리애나라는 이름이 머릿속에서 계속 메아리쳤다.

반가운 이름이었기 때문이다.

예전에 밑바닥 어린이집에서 맡았던, 백인 엄마와 흑인 아빠 사이에서 태어난 여자아이의 이름.

아빠는 가정 폭력으로 교도소에 있었고 싱글맘인 엄마에게는 아이를 방치한다는 의혹이 있어 사회복지사가 개입했었다. 시의 복지과에 아이를 뺏기지 않겠다고 필사적으로 버티던 리애나의 엄마는 방금 전 금발 여성보다 훨씬 어렸고 머리카락은 진한 갈색에 뺨에는 남편의 폭행 때문에 생겼다는 흉터가 있었다.

내가 민간 어린이집으로 이직한 뒤 그 모녀와 만난 적은 없다. 하지만 밑바닥 어린이집에 있던 리애나는 지금쯤 분명 저 아이와 비슷한 나이일 것이다. 게다가 딸을 명문 사립 여학교에 보낼 정도인 중산층 부모가 리애나Rihanna 같은 팝스타의 이름을 과연 자신의 아이에게 붙일까?

많은 생각이 머릿속에서 빙글빙글 맴돌았다. "엄마." 하며 팔을 찌르는 아들 쪽을 돌아보니 교복 위에 동메달이 자랑스럽게 걸려 있었다.

"교장 선생님이 내일 학교에 가져오래."

"왜?"

"당분간 교장실에 장식해두겠대. 엄청 기뻐하더라고."

메달을 건 가슴팍을 앞으로 쑥 내밀고 걷는 아들의 뒤를 나도 따라 걸었다.

그 순간 주차장 출입구가 열려서 우리는 잠시 멈춰 섰다.

주차장에서 나오는 차의 운전석에는 방금 전의 금발 여성이 있었고, 조수석에는 리애나라고 불린 여자아이가 우아하고 아름다운 새처럼 기다란 목을 기울이고 앉아 있었다.

차가운 빗속을 천천히 나아가던 하얀 아우디가 속도를 올리며 큰길 쪽으로 사라졌다.

친구에게 교복을
건네는 방법

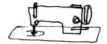

아들이 구 밑바닥 중학교에 입학한 이래 나는 자원봉사가 하고 싶어 몸이 근질근질했다.

영국의 공립 초등학교는 보호자들의 자원봉사 덕에 굴러간다고 해도 과언이 아니다. 특히 2010년대에 정권을 잡은 보수당이 악명 높은 긴축 정책을 펼친 뒤로는 더욱 그렇다. 교육에 대한 재정 지출이 매년 "또?"라고 할 정도로 깎이면서 교사 수가 계속 줄어드는 상황이기 때문에 보호자들의 도움 없이는 초등학교를 운영할 수 없다. 소풍, 수영, 구기 대회 등으로 많은 아이들이 교외에 나갈 때나 교내에서 큰 행사가 열릴 때면 반드시 보호자들이 출동해야 했다.

중학생이 되니 아이들이 스스로 여기저기로 이동할 수 있고, 인솔과 감시도 교사들만으로 충분했다. 보호자의 자원봉사가 필요 없었다.

그러나 음악부는 달랐다. 악기를 다룰 줄 아는 보호자가 필요했던 것이다. 연주를 가르치는 것은 아니고 악기를 닦는 등 정비가 주된 일이라고 했다. 음악부는 단연 즐거워 보이는 데다 내 취향에 맞기도 했다. 그래서 자원봉사를 하려고 마음먹었는데, 희망자가 많아서 대기자 명단에 이름을 올리고 차례를 기다려야 했다. 게다가 1990년대에 앨범을 발매한 적 있는 밴드의 멤버(지금은 회사원)나 마을에서 유명한 악기 전문점의 주인 등 전문가들이 즐비하다는 소문을 들어버려서 초보자인 나는 그만 단념하고 말았다.

그 대신이라고 하기는 뭣하지만, 나는 교복 재활용을 하는 여성 교사와 보호자 그룹에 들어가기로 했다. 이 '재활용 부대'는 헌 교복을 보호자들에게서 받아 1파운드약 1,500원도 안 되는 싼값에 판매하는데, 헌 교복이 해지거나 찢어진 경우가 많아서 수선할 줄 아는 사람을 모집하고 있었다.

내 배우자는 키가 작아서 바지를 사면 늘 기장을 줄여야 하는데 전부 나한테 맡기려 했다. 내가 "손바느질을 하라고? 미싱 가져와!" 했더니 배우자는 정말로 중고 가게에서 미싱을 사 왔다. 이게 또 낡아빠졌지만 어엿한 공업용 미싱이라서 스웨트 셔츠나 니트도 꿰맬 수 있고, 운동복과 낡은 셔츠를 공그르기도 간편했다.

나는 미싱과 함께 자원봉사에 응모했고 경사스럽게도 재활용 부대의 일원이 되었다. 그런데 초장부터 터무니없이 많은 교복이 집으로 왔다. 평소에는 그 정도로 많지 않다는데, 하필이면 내가 자원봉사를 시작한 주에 학교에서 그간 모은 분실물을 처분한 것이다. 분실물 상자에서 누구도 찾아가지 않던 교복들이 검정 쓰레기봉투 다섯 개에 (심지어 빵빵하게) 담겨서 우리 집에 도착했다. 내가 "잠깐만요, 이거 전부 수선하라고요?" 하며 쩔쩔매자 헌 교복을 차에 싣고 온 여성 교사가 말했다.

"조금씩 시간이 날 때마다 하면 돼요. 이렇게 많으니까요."

아들의 과학 선생님으로 보호자 면담에서 대화한 적 있는 교사는 가식이 전혀 없어서 얼핏 보면 교사 같지 않다. 갈색 머리카락의 일부만 보라색으로 물들였기 때문에 학생들은 "미세스 퍼플"이라는 별명으로 부른다고. 그 미세스 퍼플에게서 실제로 어떻게 수선하면 되는지, 정해진 규칙이 있는지 등을 배운 다음 나는 부엌에서 홍차를 내려 거실로 돌아갔다.

"나 참, 벌써 30년 넘게 중학교 교사로 일하고 있지만 대처 시절에도 이렇게 심각하지는 않았어요."

소파에 앉은 미세스 퍼플이 그렇게 말하고는 홍차를 한 모금 마셨다.

"교복을 못 사는 아이들이 너무 많아요. 보호자들과 재활용 그룹을 만든 건 짧은 교복을 입은 아이나 축축하게 젖은 교복을 입은 아이가 눈에 띄었기 때문이에요. 마침 5, 6년 전이었죠. 성장에 맞춰 큰 교복을 사지 못하거나 교복이 한 벌밖에 없어서 빨고 채 마르지 않아도 입어야 하는 아이들이 나타났어요. 대체 언제 적 학교냐고 생각했다니까요."

앞선 노동당 정권은 영국에서 아이들의 빈곤을 없애겠다고 천명했었다. 사람들은 절대로 불가능하다고 비웃었지만, 실제로 1998~99년에는 340만이었던 빈곤층 아이들의 수가 2010~11년에는 230만이 되었다. 2000년대에는 아이들의 빈곤이 확실히 감소했던 것이다. 하지만 2010년대 들어 정권을 되찾은 보수당 정권은 대규모 긴축 정책을 펼쳤고, 재정 지출 축소는 빈곤층에 직접적으로 영향을 미쳤다. 2016~17년에 평균 수입의 60퍼센트 이하 소득을 거두는 가정의 아이가 410만 명으로 증가한 것이다. 이 수는 영국 어린이 총인구의 약 3분의 1이었다.

"애들이 어릴 때는 솔직히 '돈 없어서 못 사요.'라고 말하지만, 중학생이 되면 목숨 걸고 숨기려 해요. 그래서 배꼽이 보일 정도로 낡은 셔츠를 입은 애한테 슬쩍 새걸 사서 주거나, 지퍼가 잠기지 않는 스커트를 매일 입는 애한테 수선비를 주기도 해요. 교사들이 스스로 그러기 시작했어요. 이러다 우리가 파산하겠구나 싶어서 재활용 그룹을 만든 거예요."

"그랬군요."

"실은 교복만 부족한 게 아녜요. 여성 교사 중에는 생리용품을 대량으로 구입해서 학생들에게 주는 사람도 있어요. 사복 차림으로 참여하는 행사에 무조건 빠지는 애가 있었는데, 사복이 없어서라고 해서 셔츠랑 청바지를 사준 적도 있고요."

"중학교 선생님이 그런 것까지…"

내가 깜짝 놀라자 미세스 퍼플이 말했다.

"우리 학교처럼 저소득층 아이들이 많은 곳에는 정부가 '아동특별보조pupil premium'라는 보조금을 잔뜩 줘요. 지금 교장은 학교 랭킹을 올리는 데 열중해서 교육을 위해 보조금을 쓰고 있어요. 수업을 따라가지 못하는 아이들을 위해 소수 인원만 가르치는 특별 클래스를 만들었죠. 다른 학교들은 클래스별 학생 수가 늘어나는 상황인데 우리 학교는 거꾸로 줄이는 데 성공했어요. 우리 학교가 연극이나 음악이나 스트리트 댄스에 공을 들이는 것도 전부 보조금 덕이에요. 하지만 그것만으로는 부족해요."

2011년에 도입된 아동특별보조의 대상은 과거 6년간 무상 급식 제도의 대상이 되었던 16세 이하 아이들이다. 아동 1명당 연간 935~1900파운드약 140~290만 원가 지급되며 학교는 매년 성과를 보고해야 한다.

"더 이상 수업이나 클럽 활동에만 학교 예산을 쓸 수 있는 시대가 아네요. 빈곤 지구에 있는 학교는 아이들의 기본적인 의식주부터 챙겨주어야 해요."

사회복지사가 될 수밖에 없는 교사

미세스 퍼플은 홍차가 담긴 머그잔의 손잡이를 엄지손가락으로 문지르며 이야기를 이었다.

"그래도 우리 학교는 아동특별보조 중 일부 예산을 '사회적 포섭비'라는 명목으로 떼어내고 있어요. 긴급한 상황에 처한 학생이나 가정을 돕기 위해 쓰이는 예산이죠. 3년 전에 당시 10학년이던 학생이 사고로 눈감았을 때 사회적 포섭비로 장례식을 치르기도 했어요. 그 애의 가족에게는 장례식을 치를 돈이 없었거든요. 누구도 중학생이 세상을 떠나리라고는 생각하지 않으니까 장례를 위해 돈을 모아둘 리 없었죠. 보호자가 지인이나 이웃에게 돈을 빌리려고 했지만 다들 비슷해서 돈에 쪼들리는 사람들뿐이었고… 그래서 학교 예산으로 장례식을 치르게 되었어요."

"그런 일까지 하다니 학교라고 부르면 안 되겠는데요. 아예 다른 역할을 하고 있잖아요."

미세스 퍼플은 내 말을 듣고 고개를 끄덕였다.

"긴축 정책이 시작된 뒤로 줄곧 이래요. 빈곤한 지역의 학교는 모두 비슷한 일을 하고 있어요. 교사로 일하는 친구들도 다들 같은 말을 하고요. 그래 봤자 보수당이 교육 예산을 삭감하면서 교사 월급은 동결되는데 호주머니에서 꺼내 써야 하는 돈은 늘어날 뿐이라고 불평하는 거지만요."

"엉망진창이네요."

"어제저녁으로 식빵 한 장 먹었다는 학생의 이야기를 들으면 어떡하겠어요? 아침부터 복통을 호소하는 아이의 배에서 꼬르륵 소리가 울리면요? 돈이 없어서 점심시간마다 교정 구석에 혼자 앉아 있는 아이를 발견하면요? 공영주택지의 중학교에 근무하는 교사들은 매주 적어도 10파운드약 15,000원는 그런 아이들에게 뭐라도 먹이는 데 쓸걸요. 학생 전체의 학력을 높여서 공립학교 랭킹을 끌어올리는 것도 중요하지만 공부나 클럽 활동이 사치인 아이들도 있어요. 일단 밥부터 먹여야 그다음에 뭐라도 하죠."

구 밑바닥 중학교의 고참 교사인 미세스 퍼플은 현재 교장의 방침에 불만이 있는 것 같았다. 교육이나 과외 활동이 아니라 가난한 아이들과 그 가정을 위기에서 구해주고 돕기 위해 보조금을 써야 한다고 생각하는 것이다.

교육기관이 시청 복지과의 일까지 맡아야 하는 상황은 분명 이상하다. 정치 토론에 자주 등장하는 '작은 정부'라는 말이 있다. 그렇지만 현실적으로 정부가 너무 작아지면 복지까지도 자기가 책임지고 각자 알아서 해야 하는 상황이 벌어진다. "불우한 사람들을 동정할 거면 당신이 돈을 내십시오. 그러지 않을 거면 그냥 모른 척하고 죄책감을 품은 채 살아가십시오." 하는 셈이다.

현장에서 빈곤 가정의 아이들을 보는 교사들은 당연히 먼저 뭐라도 먹여야겠다고 생각할 것이다. 당연한 반응이다. 구 밑바닥 중학교도 '구'가 붙기 전에는 교육보다 아이들의 생활 유지를 우선했을지도 모른다.

"저희도 가능하면 교육에 전념하고 싶어요. 아이들이 시험에서 좋은 성적을 받고 성공해서 중산층으로 올라서길 바라죠. 하지만 어떤 애들에게는 기본적인 의식주부터 부족해요. 복지과가 챙기지 못한다면 낮에 아이들을 맡고 있는 학교라도 나설 수밖에요."

미세스 퍼플은 이야기를 이었다.

"중산층이 공영주택을 구입해서 이사를 오기 시작한 뒤로 교장은 학교의 평가를 올리는 데 힘쓰고 있어요. 저는 그 때문에 가난한 아이들이 점점 구석으로 내쫓기는 것 같아요. 가난한 아이들에게는 상황이 더 힘들어졌을 거예요. 빈곤하다 해도 주위에 비슷한 사람들이 많은 것과 오직 나만 가난한 건 전혀 다르니까요. 후자가 훨씬 고통스럽죠. 배고플 때, 다른 아이들도 비슷한 처지라면 소리 내어 말할 수 있지만 나만 배고프면 아무 말도 못 해요."

나는 "그렇죠."라며 고개를 끄덕였다. 내가 직접 경험했기 때문이다.

오래전, 이른바 명문 고등학교에 다니면서 나도 비슷한 일을 겪었다. 중학교 땐 우리 동네의 날라리 학교를 다녀서 가난한 친구들이 많았다. 하지만 명문 고등학교에 진학한 뒤엔 교실에서 집안에 대해 이야기하지 않게 되었다. 돈이 없어서 점심으로 빵 하나만 먹을 때도 "다이어트 중"이라고 거짓말을 하면서 즐거운 점심시간이 우울해지지 않도록 신경을 썼다. 사실대로 이야기하면 분명 친구들이 돈을 빌려주거나 밥을 나눠주었을 것이다. 하지만 나는 말하지 못했다. '알게 되면 죽어버릴 거야.' 이렇게까지 생각했다.

재활용 부대에서 교복 수선을 맡게 되면서, 미세스 퍼플뿐 아니라 다른 여성 교사들이나 예전부터 교복 재활용을 도왔던 보호자들에게서도 비슷한 이야기를 들었다.

집이 먼 아이가 버스비가 없어서 학교에 오지 못하자 정기권을 사준 교사, 품행이 불량한 학생의 가정에 방문했다가집에 먹을거리가 전혀 없는 걸 알고는 슈퍼마켓에서 가족 전원의 식료품을 구입해준 교사, 소파에서 잠자는 학생을 위해십시일반으로 돈을 모아 매트리스를 사준 교사들, 일자리를찾는 이주민 엄마들을 위해 이력서 쓰기 교실을 운영한 교사, 이주민 가정을 대리하여 이민국에 편지를 써주거나 전화로 항의해준 교사. 이런 사례들이 많았다.

오늘날 빈곤한 지역에 있는 중학교의 교사들은 온갖 일을하고 있다. 이 나라의 긴축 정책은 교사들을 사회복지사로만들어버렸다.

너는 내 친구니까

미세스 퍼플에 동조하는 여성 교사와 보호자들이 만든 재활용 부대의 목적은 싼값에 헌 교복을 파는 것이 아니다. 그래서 나에게도 "교복이 필요한 학생을 알고 있으면 자유롭게 그냥 주어도 괜찮다."라고 말해주었다.

가장 먼저 떠오른 아이는 아들의 친구인 팀이었다. 하굣길에 아들과 함께 걸어가는 팀을 보았는데, 교복과 체육복이 꽤나 오래된 듯 색이 바랬고 바짓단도 다 닳아 해져 있었기 때문이다.

주말에 미싱으로 헌 교복을 수선하는데 아들이 말을 걸었다.

"있잖아, 엄마가 고친 교복을 내가 사도 돼?"

"어? 너 교복 전부 두 벌씩 있잖아. 망가졌으면 가져와. 지금 고쳐줄게."

"아니, 내 건 아니고. 친구한테 주고 싶어서…"

"…팀?"

나와 같은 생각을 했나 싶어서 물어보았더니 아들이 고개를 끄덕였다.

"팔꿈치가 닳아서 팔뚝이 비쳐 보일 정도라 팀이 형의 낡은 교복을 입기 시작했어. 그런데 이번에는 소매나 바지 기장이 너무 길다고 비웃는 놈들이 있어서 나까지 열 받아."

"늘 그렇게 놀리는 애들이 있다니까."

"또 학교에서 싸웠다가는 이번에야말로 정학 같은 큰일이 날지도 몰라."

아들은 반장다운 진지한 표정으로 말했다. (어느새 그는 반장까지 맡게 되었던 것이다.)

"그냥 줘도 괜찮아. 비닐봉지에서 작은 사이즈를 찾아서 엄마한테 가져와. 먼저 수선할게. 두 벌은 주는 게 좋겠다. 바지도 챙기고."

내 말에 아들은 거실에 늘어놓은 검정 쓰레기봉투를 열고 바스락거리며 헌 교복을 뒤지기 시작했다. 하지만 갑자기 손을 멈추고는 나를 돌아보며 물었다.

"그런데 어떻게 줘야 해?"

"어?"

"학교에 가져가서 주기는 좀 어려울 것 같은데."

"아, 그렇겠네."

아들의 말은 남들이 보는 곳에서 주기 어렵다는 뜻이었다. 팀이 받기를 꺼릴 수도 있기 때문이다. 저 아이도 그런 걸 알

만한 나이가 되었다.

"가방에 넣어서 가져갔다가 집에 오는 길에 단둘이 되었을 때 주면 어때?"

내 제안에 아들이 다시 물었다.

"일부러 그러는 게 티 날 것 같은데, 처음에 뭐라고 말을 꺼내야 해?"

"…"

맞는 말이다. 고등학생 시절 내가 가난을 들키면 죽겠다고 생각했듯이 팀 역시 친구가 교복을 준다고 기뻐할 것이라는 보장은 없다. 외려 팀이 상처를 입을 수도 있다.

예전에 가난한 사람들이 모이는 어린이집에서 일했을 때는 그 어린이집 자체가 저소득자와 무직자를 지원하는 센터의 일부였기 때문에 이런 고민 없이 물건을 주거나 받았다. '이곳에 오는 건 모두 생활이 힘든 사람들'이라는 대전제가 있어서 이용자끼리 배려할 필요가 없었고 부끄러워하지도 않았다. 하지만 가난한 이들 사이에서 상부상조가 순환하던 그곳은 바깥과 단절된 특수한 세계이기도 했다.

그곳에서 한 발짝만 밖으로 나와도 곤란한 사람을 도와주는 것은 매우 복잡미묘한 일이 되어버린다.

"학교 끝나고 우리 집에 데려와."

말은 그렇게 했지만 고민이 많았다. 팀의 앞에서 보란 듯이 미싱을 달카닥거리다 "어? 이건 딱 팀한테 맞겠는데? 가져갈래?" 하는 건 부자연스럽겠지. 내가 "이만큼 많으니까 맘에 드는 건 몰래 가져가도 괜찮아."라고 해서 팀이 교복을 찾아본다 해도 마침 딱 맞는 건 이미 수선되어 있다면 이상하겠지. 이런 고민 속에 시간이 흘러 월요일이 되었다. 아들이 팀을 데려오기로 한 날이다.

막연하게 수선을 하고 있는 것이 자연스럽겠다고 생각해서 거실에 교복이 든 쓰레기봉투를 늘어놓고 미싱을 돌리며 아이들이 오길 기다렸다. 아들과 함께 집에 들어온 팀은 산더미 같은 교복에 눈길을 고정했다.

"이게 뭐야?"

"엄마가 교복 재활용을 돕기 시작했거든. 미세스 퍼플이 하는 거 있잖아. 얼마 전에 필요 없는 교복은 가져오라고 게시판에 붙이기도 했고."

"아아."

두 아이는 소파에 앉아서 게임을 시작했다. 게임에 푹 빠진 것 같아서 일단 주스와 과자를 주고 나는 수선을 계속했다. 그런데 갑자기 팀의 휴대전화가 울렸다. 팀의 형이 얼른 집에 돌아오라고 재촉했다. 이모가 사촌동생들을 맡겼는데,

엄마가 일이 생겨 집에 없으니 빨리 와서 같이 애들을 보자는 것이었다.

"이모네 애들은 초등학생 쌍둥이인데, 둘 다 버릇이 하나도 없어. 형은 툭하면 화를 내니까 내가 가는 게 낫겠어."

팀은 그렇게 말하고는 소파에서 일어났다.

이렇게 금방 돌아갈 줄 몰랐기 때문에 '헉, 아직 교복 주지도 못했는데.' 하며 마음이 다급해졌다. 아들도 나와 비슷하게 생각했는지 내 쪽을 돌아보았다. 팀에게 주려는 교복은 쇼핑백에 넣어 미싱 옆에 두었다. "어? 이건 팀한테 딱 맞겠는데?"라며 티 나는 연기를 할 준비조차 전혀 하지 않았던 것이다.

"엄마, 그거 줘."

아들의 말에 나는 서둘러서 쇼핑백을 건네주었다. 현관으로 걸어가는 팀의 뒤를 아들이 따라갔다.

"팀, 이거 가져갈래?"

아들이 팀에게 쇼핑백을 내밀었다. 팀은 "뭔데?" 하며 받아 들고는 손을 넣어 교복을 꺼냈다.

"엄마가 고친 거야. 마침 우리 사이즈라서 슬쩍 챙겨둔 건데, 너도 필요할까 해서."

팀은 지그시 아들의 얼굴을 보았다.

"가져도 괜찮아?"

"당연하지."

"그럼 돈 줄게. 미세스 퍼플한테 혼날 거 아냐. 다음에 돈 가져올게."

팀이 그렇게 말하기에 내가 옆에서 끼어들어 설명했다.

"신경 쓰지 마. 어차피 헌 교복이 몇 벌이나 있는지 아무도 몰라. 게다가 고치지 못할 것 같은 교복은 아줌마가 알아서 버리고 있거든. 아무 문제도 없을 거야."

팀은 반신반의하는 눈치로 미싱 쪽을 슬쩍 보았다.

"왜 나한테 주는데?"

팀은 커다란 초록색 눈으로 아들을 보며 물었다.

질문은 아들을 향했지만, 외려 내가 팀의 눈빛에 가슴을 꿰뚫린 것만 같았다.

나는 할 말을 잃고 서 있는데, 아들이 입을 열었다.

"친구니까. 너는 내 친구니까."

팀은 "고마워." 하고는 교복을 쇼핑백에 넣고 아들과 하이파이브를 한 다음 현관으로 나갔다.

"갈게."

"잘 가. 내일 학교에서 봐."

현관 옆 창문으로 은빛이 섞인 금발을 한 자그마한 소년이 쇼핑백을 흔들며 공영단지로 향하는 언덕길을 올라가는 것이 보였다.

도중에 팀이 오른 손등으로 눈가를 문지르는 듯한 동작을 했다. 팀이 똑같은 동작을 한 번 더 하자 아들이 조용히 입을 열었다.

"팀도 엄마처럼 꽃가루 알레르기가 있대…. 맑은 날은 힘든가 봐."

"응, 오늘 진짜 꽃가루가 많네…. 엄마도 올해 들어 가장 힘든 것 같아."

아들은 오래도록 창문 옆에 서서 유리창 너머로 점점 작아지는 친구의 뒷모습을 바라보았다. 팀의 손에 들려 흔들흔들하는 노란색 쇼핑백이 초여름의 강한 햇빛을 반사하며 반짝반짝 빛났다.

쿨하게 스쳐 간

내셔널리즘

내가 매달 착실히 쓰고 있는 이 연재의 제목이 '나는 옐로에 화이트에 약간 블루'라는 사실을 알게 된 아들이 "남의 낙서를 맘대로 훔치지 마." "저작권료 내놔." 하며 시끄럽게 잔소리를 하다가 갑자기 진지하게 중얼거렸다.

"하지만 사실 '나는 칭키chinky°에 화이트에 약간 블루'가 더 나았을 텐데."

영국의 길거리에서 인종차별적인 말을 들었을 때 우리를 '일본인'이라 알아보고 조롱하는 사람은 거의 없었다. 가끔

°   동양인을 비하하며 부르는 말.

133

씩 어떻게 눈치챘는지 모르겠지만 콕 집어서 "일본인이죠?" 또는 "곤니치와こんにちは."라고 말을 거는 사람들이 있는데, 그들은 대체로 인종차별주의자가 아니다. 외려 그런 사람들은 일본에 가본 적이 있거나 애니메이션과 만화 같은 일본 문화를 좋아해서 일반적인 영국 사람들보다 일본에 대해 잘 알고 있는 경우가 많다. (일본 여성에게 흥미가 많은 사람도 종종 있다.)

일본을 좋아하는 사람들은 대부분 런던에 거주하고 있다. (리젠트 스트리트에서 "아이 러브 재패니즈 걸스!"라고 절규하는 아저씨를 본 적도 있다.) 하지만 브라이턴 같은 지방 도시에서는 한눈에 '일본인'이라고 알아보는 경우가 드물며 중국인으로 여길 때가 많다. 이따금씩 "한국인?" "필리핀인?" 같은 변화구를 던지는 사람도 있다. 우리가 백인, 흑인, 중동인 등을 보고 "저 사람은 덴마크인." "이 사람은 세네갈 출신." "이라크인이다."라고 알아보지 못하듯이 영국 사람들은 동양인을 그저 하나의 그룹으로 인식할 뿐이다. 그 그룹을 향한 차별적 호칭이 바로 '칭크' 또는 '칭키'인데, 영국에 거주하는 동양인이라면 한두 번쯤 들어봤을 것이다. (중산층 이상은 들어본 적 없겠지만.)

"칭크나 칭키라고 말하는 사람은 상대가 중국인인 줄 알고 그러는 거겠지?"

아들이 말했다.

"시티즌십 에듀케이션에서 선생님이 인종차별에 대해 설명하는데 '칭크'가 중국인에 대한 차별 용어라고 하더라고. 그래서 내가 손을 들고 말했어. '그렇지 않아요. 우리 엄마는 일본인이지만 그 말을 듣고 있어요.'라고."

"하하하하하."

나는 힘없이 웃음을 터뜨렸지만, 사실이긴 하다. 이 아이는 엄마가 인종차별을 당하는 걸 보면서 성장했다.

"게다가 얼마 전에 나도 '퍼킹 칭크'라는 말을 들었고."

내 웃음 속에 담긴 씁쓸함을 눈치챘는지 아들이 배려하며 한마디 덧붙였다. 아들은 어릴 적만 해도 배우자를 닮아 얼굴이 하얬는데, 성장할수록 나를 닮아가서 (정확하게는 내 여동생) 길을 다니다 동양인이라는 말을 들을 때가 늘어나고 있다.

"수업에서 '칭키' 말고 '파키paki'° 같은 말에 대해서도 배웠어?"

내가 물어보았다.

"응, 그런 말이 누굴 가리키는지, 왜 그런 말을 하면 안 되는지 배운 다음에 다 같이 토론을 했어."

° 영국에 거주하는 파키스탄인을 경멸하며 부르는
말. 인도나 방글라데시 출신에게 쓰기도 한다.

'그러고 보니…'

나는 문득 과거에 겪었던 일을 떠올렸다. 내가 영국에 살기 시작하고 2년 차에 접어들 무렵에 있었던 일이다.

당시 나는 일본 신문사의 런던 주재원 사무소에서 일했는데, 동료 중에 기자의 어시스턴트로 일하던 영국인 청년이 있었다. 그는 일본에 거주한 적이 있고 해외여행 경험도 풍부한 인텔리로 가식이 없는 성격 덕에 나와 마음이 잘 맞았다. 하지만 어느 날, 우리는 의견이 심하게 대립했다.

갓 부임한 일본인 기자가 '파키'라는 호칭이 무슨 뜻인지 혹시 금기시되는 말인지 그 영국 청년에게 물어보았다. 그는 '파키'란 '파키스탄인'을 가리키는 말이며 실제로는 파키스탄인뿐 아니라 인도와 방글라데시 등 남아시아 출신자들, 그리고 겉모습이 닮은 중동 출신자들에게도 쓴다고 답했다. 여기까지는 괜찮았지만, 그다음에 그는 이렇게 말했다.

"하지만 '파키'가 흑인을 비하하는 '니거[nigger]'처럼 금기시되느냐면 그렇지는 않아요. 영국인은 그 말에 친밀한 감정을 담기도 하거든요."

"뭐라고!"

옆에서 여러 신문의 사설을 가위로 자르며 스크랩하던 나는 무의식중에 소리쳤다.

"그렇지는 않지. 그건 너무 난폭한 말이야."

"난폭하지 않아. 예를 들어 우리 집 앞에 파키스탄인이 경영하는 잡화점이 있는데, 나와 친구들은 그 가게를 '파키 숍'이라고 불러. 딱히 차별하려는 건 아냐. 점원들하고도 친해진 단골 가게라서 친숙하게 부르는 거라고."

청년은 그렇게 말하며 꾸밈없는 미소를 지었다. 그를 보며 '아, 그랬어. 이 녀석은 옥스브릿지를 졸업한 엘리트에 친구들과 셰어하우스에서 살고 있었지.' 하고 생각했다. 이런 젊은이들은 정말로 아무런 악의 없이 와인잔을 기울이면서 친애하는 감정을 담아 "파키"라고 부를 것이다. 그런 광경이 눈앞에 생생하게 떠올랐다.

"하지만 '파키'는 애초에 타블로이드 신문에서 구 식민지 출신 이주민을 차별하려고 만든 부정적인 단어야."

"그렇긴 하지만 아주 오래전 1960년대의 이야기야. 시간이 흐르면서 호칭의 용법도 바뀌었다고."

아니, 아니, 아니. 당신네 계급에게는 시간이 음속으로 나아가는지 모르겠는데, 하층 계급이 사는 마을에서는 아직도 1960년대랑 그리 다르지 않게 쓰일 때가 많답니다. 내심 그렇게 생각한 나는 나중에 탕비실에서 몰래 일본인 기자에게 일러주었다.

"누군가랑 이야기할 때 '파키'라는 말은 절대로 쓰지 마세요. 행여나 실수라도 기사에 쓰지 않는 게 좋을 거예요."

그로부터 수년 후 나는 브라이턴에서 런던으로 통근하는 생활을 그만두었는데, 그 무렵에 근처에서 잡화점을 운영하던 인도인이 10대에게 칼로 찔리는 사건이 일어났다. 잡화점의 유리창에는 그전부터 스프레이로 "파키 숍"이라고 쓴 낙서가 보이곤 했다. 그 낙서를 볼 때마다 나는 일본 신문사에서 일하던 영국인 청년의 말을 떠올렸다.

돌이켜 보면 그 청년과 의견이 부딪친 것은 벌써 20년 전 일이다. EU 탈퇴를 계기로 정치적 올바름과 사회 분단 등의 문제가 온 사회를 들썩이는 오늘날, 그 청년은 '파키'라는 호칭에 대해 어떻게 생각하고 있을까.

아들과의 심오한 대화

아들은 열한 살이지만, 작년 9월부터 중학교에 해당하는 세컨더리 스쿨secondary school을 다니고 있다.° 어느 나라든 마찬가지일 것이라고 생각하는데, 아이들이 중학생이 되면 갑자기 하고 싶어 하는 일이 있다.

°   한국과 일본은 만 6세, 영국은 만 5세에 초등학교에 입학한다. 또한 한국과 일본은 중학교 3년, 고등학교 3년을 다니지만 영국은 세컨더리 스쿨이 중·고등학교 역할을 모두 맡는다.

친구끼리 놀러 나가는 것이다.

우리 집 아들은 몸집이 작은 데다 얼굴도 초등학생 같아서 아무리 잘 봐도 10세 아래로밖에 보이지 않는다. 그래서 혹시나 경찰이 "부모님은 어디 있니?" 하며 아들을 보호하고, 나와 배우자에게 아동 방치 혐의를 씌우지 않을까 걱정되어 처음에는 내보내길 주저했다. 하지만 배우자가 "괜찮지 않아? 저 녀석 친구들 보니까 체격 좋고 노안인 녀석이 꽤 있던데. 동생이 형들 따라온 것처럼 보일 테니까 문제는 없을걸?"이라고 해서 나도 고집을 꺾었다. 그 덕에 요즘 들어 아들은 친구들과 노는 데 푹 빠져서 주말만 되면 영화관이니 해변이니 하며 외출을 한다.

어느 날 학교 갈 때 신는 검정 운동화가 작아져서 새로운 신발을 사러 오랜만에 아들과 상점가로 나섰다. 검정 파카를 입고 제법 10대다운 티를 내는 아들은 가게에 들어갈 때마다 무료 와이파이에 접속해서 스마트폰으로 무언가를 확인해댔다. 결국 내가 "그만 좀 해."라고 잔소리를 했다.

"큰일 났다. 엄마, 얼른 나가자."

아들이 갑자기 후드를 뒤집어쓰더니 얼굴을 가리듯이 고개를 숙이고 걷기 시작했다.

"왜 그래?"

"같은 반 여자애들이 2층에 있어. 지금 그중 한 명이 쇼핑하고 있다면서 사진을 인스타그램에 올렸다고."

"마주치면 어때서 그래."

"안 돼. 엄마랑 같이 쇼핑하는 걸 보이고 싶지 않아. 멋없잖아."

아들은 그렇게 말하고는 총총대며 가게 밖으로 나갔다.

'어느새 이렇게 건방진 말도 할 줄 아는 나이가 된 걸까.' 그렇게 생각하며 나도 뒤따랐다. 아들이 인스타그램에 올라왔다는 사진을 보여주었는데, 확실히 아들 또래에서는 여자애들이 더 조숙해 보인다. 사진 속에는 누가 봐도 10대 소녀다운 3인조가 입술을 오므리고 눈을 크게 뜨는 '셀카 표정'을 지은 채 수영복 매장 모퉁이에 서 있었다.

그러고 보니 아주 오래전 수영복 할인 행사장에서 내가 맞는 사이즈를 찾는 사이에 아들이 멋대로 종종대며 돌아다니다가 "엄마가 없어!"라며 울음을 터뜨린 적이 있다. 그때는 키가 2미터는 될 법한 험상궂은 흑인 경비원이 아들을 목말 태워서 나를 찾아다녔다. 목말 위에서 나를 발견한 아들은 흥분해서 "엄마! 엄마!" 하며 경비원의 머리를 퍽퍽 때렸다. 경비원은 "어이, 꼬맹아. 그만해." 하고 얼굴을 찡그리면서도 웃으며 나에게 아이를 데려다주었다. 그렇게 작고 귀여웠던 생물이 나도 모르는 새 후드를 뒤집어쓰고 엄마를 모르는 척하는 10대가 되어버렸다.

역시 세상이란 무정하구나 생각하며 거리를 걸어가는데, 은행의 현금인출기 옆에 앉아 있던 남성 노숙자가 우리에게 말을 걸었다.

"니하오, 니하오, 니하오, 니하오."

어깨부터 담요를 두른 남성은 나와 아들에게 눈을 맞추고 히죽히죽 웃으며 몇 번씩 "니하오"라 말했다. 나는 그에게서 눈을 돌리고 완전히 무시하면서 앞을 지나쳤다. 대낮부터 약에 취했는지 눈은 흐리멍덩한데 실례가 이만저만이 아니었다. 아무리 노숙자라도 무례한 것은 틀림없기 때문에 온정을 줄 여지는 없다고 생각하는데 아들이 입을 열었다.

"중국인 아닌데."

"뭐, 그게 핵심은 아니다만."

내 말에 아들이 투덜거렸다.

"저 말은 진짜 오랜만에 들었어."

"니하오, 니하오?"

"응, 친구들이랑 다닐 때는 들은 적이 없거든."

'오!' 하고 내심 놀랐다. 드디어 그 시기가 시작되는 건가.

영국에 거주하며 유럽인과 사이에서 자녀를 낳은 아시아

인들이 종종 말하는 것이 있다. "아이가 사춘기에 접어들면 아시아인 부모와는 거리를 두려 한다." 예전에 런던의 일본 기업에서 근무할 때, 함께 일하던 일본인 여성들이 이야기하는 것을 종종 듣곤 했다. 어떤 아이는 엄마가 일본인이라는 걸 숨기려 했다든지, 다른 아이는 엄마에게 발음이 부끄러우니까 다른 사람 앞에서는 영어로 말하지 말라고 했다든지.

마침내 우리 집에도 그런 시기가 찾아온 것인가. 마음을 다잡는데 아들이 말했다.

"방금 전 일에 대해서는 두 방향으로 생각해볼 수 있어. 우선 첫 번째는 친구와 함께 있으면 내가 동양인으로 보이지 않을 거라는 생각이야. 실제로 나를 라틴계로 착각하는 사람도 있으니까. 하지만 엄마랑 함께 있으면 아무래도 가족일 테니까 동양인으로 보이는 거지."

"응."

아들이 갑자기 논리 정연하게 이야기를 시작하는 바람에 나도 모르게 고개를 끄덕였다.

"그리고 두 번째로 친구랑 있든 엄마랑 있든 나는 동양인으로 보인다고 생각할 수 있어. 하지만 친구들이랑 있을 때는 남자밖에 없고 덩치 좋은 애도 있으니까 무례하게 굴었다가는 한 대 맞을 수도 있지. 그래서 아무도 나한테 차별적인 말을 하지 않는 거야. 엄마랑 함께 다니면 여자와 아이라는 약자 콤비가 되니까 시비 걸기 좋은 거고. 만약 동양인 남성 둘이 지나갔다고 해도 저 아저씨가 똑같이 말했을까?"

"그러지는 못했을걸, 분명히."

이주민과 영국인, 남성과 여성, 어른과 아이. 아이가 다양한 틀로 방금 전 일을 분석하며 말하는 것을 듣고 조금 감탄했다. 아들이 말을 이었다.

"하지만 실은 세 번째 방향도 있어. '니하오'란 영어로 옮기면 '헬로'잖아? 중국인에게 중국어로 인사를 하면 한결 친숙해 보여서 돈을 주지 않을까? 이런 사업적인 판단 때문에 아까 그 아저씨가 '니하오'라고 했을 수도 있어."

"뭐? 그건 전혀 생각하지 못했는데."

나도 모르게 목소리가 커졌다.

"그런 의도는 아니었을 것 같아. 친절한 말투도 아니었고. 기분 나쁘게 히죽히죽 웃는데 친숙하게 느껴질 리 없잖아."

"하지만 단정하지 말고 이런저런 방향으로 생각해보는 게 중요하대. 시티즌십 에듀케이션 선생님이 그렇게 말했어. 그게 엠퍼시로 향하는 첫발이라고."

"…"

"그러고 보니까 아직도 기억나는 일이 있어."

그렇게 말하고는 나를 올려다보는 아들의 맑은 눈이 초승달처럼 부드럽게 휘었다.

"전에도 '니하오'라는 말 들은 적이 있어. 그때는 엄마가 열받아서 허리에 손을 짚고 당당하게 서서 '나는 일본인이에요!'라고 상대방한테 일본어로 무섭게 쏘아붙였어. 지나가던 사람들도 멈춰 서서 웃었는데, 그때 엄마 진짜 쿨했어."

"그런 일이 있었나? 나도 어지간히 기분이 나빴나 보네."

"그런 건 웃기니까 해도 좋지 않아? 엄마는 그때 그 느낌을 잊지 않았으면 해."

"…"

내가 왜 열한 살 꼬맹이한테 설교를 들어야 하나 생각하면서 한낮의 거리를 아들과 나란히 걸어 버스정류장으로 향했다.

월드컵과 내셔널리즘과 분재 록

EU 탈퇴 국민투표 이래, 영국에서는 '내셔널리즘' 같은 단어들이 가장 위험한 주제가 되었다. 그에 대해 좌파는 무조건 부정하고 우파는 열광적으로 칭송하며 극단적인 분열이 확산되고 있다.

　이런 시기에 2018년 러시아 월드컵이 열리면 큰일 나는 거 아니냐고 걱정하기도 했다. 그러나 막상 시작되고 보니 김이 샐 정도로 여느 때의 월드컵과 똑같았다.

　평소에 "내셔널리즘이야말로 모든 악의 근원"이라고 보도하던 『가디언』 같은 좌파 일간지도 공식 홈페이지에서 실시간으로 잉글랜드 대표팀의 경기 내용을 전했고, 태연하게 "잉글랜드, 고오오오올!" 같은 문구를 쓰기도 했다. '이건 이거, 저건 저거'라고 구별하는 것이다. 'EU 탈퇴 따위로 즐거운 월드컵을 망칠까 보냐!' 하는 것이다. 영국이라는 나라의 타산적인 면을 본 듯했다.

　축구를 좋아하는 아들도 첫날부터 월드컵에 푹 빠졌는데, 이번에는 전과 좀 달랐다. 유독 일본 대표팀에 대해 열심히 알아보았던 것이다. 각 선수의 이름과 경력, 예선에서 어떻게 이겼는지, 왜 감독이 교체되었는지 등을 일본어를 할 줄 아는 나보다 아들이 훨씬 자세히 알았다. 지금껏 월드컵이 열리면 아들은 잉글랜드 대표팀에 열광할 뿐 일본에는 그다지 관심을 기울이지 않았다. 이번엔 대체 왜 그럴까 궁금해서 물어보니 아들이 알려주었다.

　"나는 잉글랜드에서 살지만 잘 생각해보니 아빠는 아일랜드인이고 엄마는 일본인이잖아. 사실 잉글랜드인의 혈통은 아냐. 그래서 아일랜드랑 일본을 응원해야겠구나 생각했는데 이번에 아일랜드는 예선에서 탈락했으니까 일본만 응원하려고."

아들은 시원하게 말했지만, 나는 좀 위험한 징후처럼 보여서 불안해졌다.

"애가 갑자기 혈통 같은 걸 말하던데. 민족주의자가 되지는 않겠지?"

배우자에게 상담하자 그가 말했다.

"너는 좀 좌익이니까 금방 그런 걸 신경 쓰는데, 인간이 자신의 뿌리를 생각하는 건 아주 자연스러운 일이야. 나는 그런 걸 전혀 생각하지 않고 어른이 되는 녀석이야말로 걱정되는데."

하긴 내 어린 시절을 돌이켜보아도 조상이 어떤 사람이었는지 궁금해서 할머니에게 질문을 퍼부었던 시기가 있었다. 사춘기를 겪으며 자신의 핏줄에 낭만을 품는 아이에게 국경을 넘지 않으면 괜찮고, 국경을 넘으면 민족주의자라고 할 수는 없다. 그러는 건 아들에게도 공평하지 않은 것 같았다.

아들이 다니는 중학교에는 영국인의 비율이 높기 때문에 일본처럼 마이너하기 그지없는 팀을 응원했다가 따돌림이라도 당하지 않을까 걱정되어 물어보았다.

"너 말고도 잉글랜드가 아닌 다른 팀을 응원하는 이주민 아이가 있어?"

"폴란드 남자애랑 크로아티아 여자애가 있지만 둘 다 축구에는 전혀 관심이 없어서 결국 나밖에 없어."

"친구들이 뭐라고 안 해?"

"아무 말 없어. 그런데 다른 팀을 응원하면 무슨 말을 들어야 해?"

"아니, 그건 아닌데."

이런 대화를 나누고 며칠 뒤의 일이다. 아들네 학교에서 놀이공원으로 소풍을 갔는데 오후 4시쯤 아들이 전화를 걸었다.

"엄마! 일본이 해냈어!"

흥분한 아들의 목소리 너머로 다 같이 일본을 응원하는 소년들의 외침이 들렸다. 일본 대 콜롬비아의 경기가 끝났을 무렵이었다. 마침 아이들이 돌아오는 버스를 타기 전에 다 같이 모여 줄을 서 있었는데, 스마트폰으로 확인해보니 일본이 이겼던 것이다. 아들은 "오 마이 갓!" 하고 외쳤고 주위의 친구들도 믿기지 않는다며 떠들썩하게 소란을 피웠다고 한다.

일본을 연호하는 소년들의 우렁찬 외침을 들으며 어쩜 저렇게 듣는 내가 부끄러울 정도로 내셔널리즘을 드러낼까 생각했다. 하지만 곰곰이 생각해보면 아들의 뒤에서 외치는 소년 중 일본인은 단 한 명도 없었다. 아마 동급생들도 월드컵 기간만은 아들을 '동양인' 중 한 명이 아닌 '일본인'으로 여기는 모양이었다.

이렇게 아들은 축하를 받으며 자타 공인 일본 대표팀의 서포터가 되었고, 한동안 매일 집에 돌아오면 텔레비전 앞에 붙어 월드컵을 보았다.

얼마 전 경기가 없는 날, 2층에서 기타 소리가 들렸다. 최근 음악부에서 작곡을 배운다는데 월드컵을 관전하는 틈틈이 자기 방에서 곡을 쓰느라 여념이 없었다. 오아시스와 닮은 듯한 기타 소리에 약간 애수가 있는 인디 록 같아서 꽤 좋은 곡인데 생각하며 귀를 기울이는데 아들이 노래도 부르기 시작했다.

"할아버지의 분재, 우우우, 할아버지의 분재, 우우우."

아들이 아직 연애를 해보지 않아서 가사로 쓸 소재가 없다기에 요즘 네가 많이 생각하는 걸 뭐든 노래하면 된다고 알려주긴 했다. 그래도 그렇지 '할아버지의 분재'를 주제로 하는 록이라니. 하지만 그 가사는 지금 아들의 마음에서 우러난 외침일 것이다. 월드컵에서 일본을 응원하다 일본에 있는 할아버지도 생각난 것인지, 아들은 1980년대 영화 '베스트 키드' 시리즈°의 DVD를 꺼내더니 1편부터 몰아서 보았다. 영화에 등장하는 무술 스승 미야기가 할아버지를 닮아 보였는지 (사실 닮긴 닮았다만) 주인공 소년과 스승 미야기의 관계에 자신과 할아버지를 투영해서 묘하게 감상에 빠져 있었다. 특히 작중에서 분재를 아끼는 미야기의 모습이 규슈에 있는 할아버지 같아서 뭉클했던 모양이다.

'분재'를 일본어로는 "본사이"라고 발음한다고 몇 번이나 가르쳐주었지만 영어 원어민으로서 발음하기 어려운지 아들은 늘 "본자이"라고 불렀다. 그 점이 아쉽긴 했다.

왜 그럴까. 아시아인과 유럽인 사이에서 태어난 아이들은 사춘기에 접어들면 아시아적인 것을 꺼린다는데 아들은 정반대다. 외려 유독 일본에 신경을 쓰고 있었다.

"그 녀석 어릴 적부터 강자보다는 약자를 응원했잖아. 요즘 일본에 빠진 것도 그 때문이 아닐까? 우리가 독일처럼 알아서 늘 이기는 나라 (머지않아 한국이 보기 좋게 통설을 깨뜨렸지만) 출신이었다면 절대로 지금처럼 응원하지 않았을 거야."

배우자는 냉정하게 분석했다.

한여름의 불가사의한 내셔널리즘과 분재 록의 행방을 앞으로도 주의 깊게 지켜봐야겠다.

° 　미국 영화로 원제는 '더 가라테 키드(The Karate Kid)'다. 약골이던 주인공이 일본인 스승에게서 무술을 배워 성장한다는 내용이다. 1984~89년 제작되어 큰 인기를 끌었고 당시 청소년 사이에 가라테 열풍이 일어났다.

지뢰밭 같은
다양성 월드

아이들이란 기운이 넘치는 법이다.

러시아 월드컵을 보며 일본 대표팀에 열광하던 아들은 일본이 탈락하자마자 미련 없이 잉글랜드 대표팀으로 갈아탔다.

게다가 이번 대회에서는 어쩐 일인지 잉글랜드 대표팀이 승승장구했다. 절대로 승리하지 못한다던 승부차기 징크스조차 극복하고 순조롭게 이겨나갔다.

월드컵을 보며 집 안에서도 일본 대표팀의 유니폼(후쿠오카의 할아버지가 사주었다.)을 입고 응원하던 아들이 이제는 잉글랜드 대표팀의 유니폼(런던의 숙모가 사주었다.)을 입고 성원을 보냈다. 응원할 팀이 여럿 있다는 건 행복한 일이었다. 나는 아들을 보며 '과연 다양성의 장점이 이런 곳에서도 발휘되는 건가.' 하고 생각했다. 이쪽이 안 되면 저쪽이 있다. 이런 대안이 존재하는 것이다. 이쪽밖에 없는 세계에서는 이쪽이 잘못되면 망하는 수밖에 없다.

"그런데 너 잉글랜드 혈통이 아니니까 응원하지 않는다고 했잖아?"

"그래도 잉글랜드에 살고 있으니까 역시 남의 팀 같지가 않아."

"그거야 그렇지. 엄마도 이러쿵저러쿵해도 결국은 잉글랜드를 응원해버리니까."

'이러쿵저러쿵해도 결국은 응원해버리는 것'을 미디어에서 쓰는 정치 용어로 바꾼다면 '시민적 내셔널리즘'이라 할 수 있겠다. 민족적 내셔널리즘에 대항하기 위해 쓰이는 용어로 수년 전 스코틀랜드 독립 투표를 전후하여 한창 논의되었던 개념이다.

"출신지가 어디든, 피부색이 어떠하든, 무슨 종교를 믿든, 용기를 내어 서로 힘을 합친다면 더욱 좋은 나라를 만들 수 있다. 그것이 내가 믿는 내셔널리즘이다."

이렇게 말한 이는 스코틀랜드 자치정부 수반 니컬라 스터전Nicola Sturgeon이다. 그는 민족성이 아닌 재주성在住性에 새로운 내셔널리즘의 가능성이 있다고 주장해 화제를 모았었다. 스터전은 2015년 영국 총선거에서 스타가 되었으며, 같은 해 BBC가 선정한 '영향력 있는 여성' 순위에서 1위에 오르기도 했다.

하지만 2016년 무슬림으로서는 최초로 런던 시장에 당선된 사디크 칸Sadiq Khan은 시민적 내셔널리즘이 도널드 트럼프 지지자나 브렉시트 찬성파와 크게 다르지 않다고 비판했다.

EU 탈퇴 투표 후 영국에서는 어떤 의견이든 상관없이 내셔널리즘이라는 단어에 격노하는 사람들이 많아졌다. 그래서 나는 월드컵 동안에 무슨 일이 일어나지 않을까 걱정했지만, 세간에서는 비교적 아무렇지 않다는 듯이 월드컵을 즐겼다. 탈퇴파도 잔류파도 일단 휴전하고 잉글랜드를 응원하는 것 같았다. 하지만 미디어의 세계에는 휴전을 규탄하는 이들도 있었다.

어느 날, 아침을 먹으러 식탁 앞에 앉은 아들이 물었다.

"잉글랜드 대표 선수들은 모두 EU 잔류파야?"

"뭐?"

나는 아들이 가리키는 신문을 보았다.

"잉글랜드 대표 선수들이 누구를 대표하느냐면, 48퍼센트의 EU 잔류파다."°

이런 헤드라인이 눈에 들어왔다. 그 옆에는 나란히 서서 프리킥 수비 훈련을 하며 즐거워하는 잉글랜드 선수들의 사진이 있었다. 나는 기사를 훑어보았다.

"뭐야, 그런 내용은 한마디도 없는데."

"그런데 왜 선수들이 잔류파를 대표해서 경기를 한다고 쓴 거야?"

"신문 헤드라인에는 사람들의 눈길을 사로잡으려고 호들갑스러운 표현을 쓰거든. 실제로 우리도 지금 관심을 가졌잖아."

내 설명을 듣고 아들이 말했다.

"그러면 가짜 뉴스야?"

"그렇지는 않아. 기사문 전체를 읽어보면 왜 이런 헤드라인을 썼는지 알 것도 같거든."

"그래도 역시 좋은 제목은 아니네."

"응."

"너무 사람을 따돌리는 것 같은 제목이야."

"그러게."

"게다가 잉글랜드 대표팀은 탈퇴파의 팀이 아니라고 하면

°   2016년의 EU 탈퇴 투표 결과 찬성은 52퍼센트, 반대는 48퍼센트였다.

나라의 절반만 대표한다는 뜻이잖아. 일부러 사람들끼리 싸우게 만들려는 것 같아."

아들은 그렇게 말하고는 2층으로 올라갔다.

기사문을 요약하면 이렇다.

선수들 대부분이 20대이고 대도시에 살며 역대 잉글랜드 대표팀을 통틀어 인종적 다양성이 가장 풍부한 이번 대표팀은 그야말로 EU 잔류에 투표한 이들을 대표하는 듯하며 대표 선수들을 필사적으로 응원하는 탈퇴파 사람들과는 다르다. 이번 잉글랜드 대표팀에는 이주민 출신이거나 (우리 아들처럼) 국적이 다른 부모 사이에서 태어난 선수들이 무척 많다. 이 선수들은 계속해서 승리하며 강팀이 되려면 다양성이 필요하다는 사실을 증명하고 있다. 젊고 다양성이 풍부한 잉글랜드 대표팀은 앞으로 영국이 나아가야 할 길을 몸소 보여주고 있다.

이 기사가 게재된 『가디언』의 웹사이트를 가보았다. 사람들이 어떻게 반응하는지 궁금했기 때문이다. "끔찍한 기사." "나는 극렬한 잔류파지만, 이 기사에 대해서는 대신 사죄하고 싶다." "월드컵에 EU 탈퇴를 끌어들이지 마." 같은 비판 의견이 쓰여 있었다.

진보 일간지다운 기사이긴 하다. 하지만 자신들의 주장을 펼치려고 다른 생각을 지닌 사람들에게 잉글랜드 대표팀은 너희 팀이 아니라고 말하는, 마치 어린애 같은 수준으로 몰락한 이유는 무엇일까. EU 탈퇴 투표 후 잔류파와 탈퇴파의 일부 사람들은 이러한 태도를 질질 끌어오고 있다. 아들이 "사람을 따돌리는 것" 같고 "싸우게 만들려는 것" 같다고 한 것은 이 시대에서 자라나고 있는 아이들의 솔직한 감상이 아닐까. 잔류파든 탈퇴파든, 아들 또래 아이들의 눈에는 다 큰 어른들이 서로 고집부리고 욕하면서 싸우는 것으로 보이지 않을까.

EU 잔류파와 탈퇴파 모두 자신과 반대되는 의견을 지닌 사람들이 이 나라에 존재한다는 것을 좀처럼 용납하지 못하고 있다. 실은 아이들이야말로 영국에 서로 다른 의견을 지닌 사람들이 있다는 사실을 분명히 바라보며 냉정히 받아들이고, 그런 현실과 함께 살아가고 있는지도 모른다.

여름 방학을 앞두고 배운 것

자, 여차여차하는 와중에 잉글랜드 대표팀도 패하여 이번에도 월드컵 우승 트로피는 축구 종주국에 돌아오지 않은 채 뜨거웠던 월드컵이 막을 내렸다.

일본 대표팀과 잉글랜드 대표팀의 유니폼을 옷장에 집어넣은 아들의 생활도 평소대로 돌아갔다. 이제 여름 방학이 되길 기다릴 뿐이었는데, 어느 날 학교에서 돌아온 아들에게 "오늘은 뭘 배웠어?"라고 묻자 예상하지 못한 답이 돌아왔다.

"여성 성기를 봤어."

"뭐?"

"라이프 스킬 수업에서 성교육을 하거든."

"봤다니, 뭘 본 거야? 영상?"

"아니, 커다란 사진. 아니면 사진이라고 착각할 만큼 자세하게 그린 그림일 수도 있고. 짜잔, 하고 커다랗게 보여줬어."

"…그, 그래…."

초등학교 최고 학년부터 성에 대해 배우고 있으니 갈수록 본격적인 내용을 가르치는 걸까 생각했다. 월드컵에 이어 성교육인가. 이번 여름은 유독 뜨겁구나.

며칠 뒤 아들이 말했다.

"오늘은 FGM에 대해 배웠어."

"뭐? FGM이라니…."

"여성 성기 절제female genital mutilation. 아프리카 같은 곳에서 한다던데."

"응, 엄마도 알아."

"알고 있다니 혹시 일본에서도 FGM을 하는 거야?"

"아니, 일본에 그런 관습은 없는데 엄마도 그게 뭔지 대충은 알고 있어."

속으로 '그런 거였군.' 하고 생각했다. 이 시기에 여성 성기에 대해 가르친 것은 FGM 수업을 대비해 깔아둔 복선이었을지도 모른다.

FGM은 아프리카, 중동, 아시아의 몇몇 국가에서 이뤄지는 관습으로 여성 성기의 일부를 절제하거나 절개하는 행위며 '할례'라고 불리고 있다. 특정 공동체에서는 문화적·종교적·사회적 이유로 여자를 위한 행위라고 (결혼 준비, 처녀성 보호 등) 믿고 있어서 유아기부터 15세를 전후한 소녀들에게 시술하는 경우가 많은데, 출혈이나 감염증 때문에 자칫 숨을 거두기도 한다. 불임, 정신적 트라우마, 난산 등의 원인이 되어 여자아이들의 장래에 악영향을 미치는 위험한 시술이기 때문에 영국에서는 1980년대부터 FGM이 위법 행위가 되었다. 하지만 여전히 관습을 따르고 있는 일부 이주민 커뮤니티에서는 비밀리에 시술하고 있다.

시술 후 회복하는 동안에는 학교를 갈 수 없기 때문에 여름 방학은 FGM을 하기에 절호의 기회라 할 수 있다. 그래서

NHS국민보건서비스도 일부 부모들이 여름 방학이 되면 귀성이라는 명목으로 딸을 모국에 데려가 그곳에서 FGM을 받게 한다며 온라인과 팸플릿 등으로 경고하고 있다.

여름 방학을 앞둔 이 시기에 중학교에서 FGM에 대해 가르친 것은 아마도 NHS의 경고와 무관하지 않을 것이다.

"또 선생님이 여성 성기 사진인지 그림인지 모를 걸 커다랗게 보여주면서 FGM에 대해 설명하니까 여자애들 중에는 속이 나빠진 애들도 있었어."

"현실로 상상하면 여성한테는 힘든 얘기니까."

"건강상 아주 위험하고 인권 침해이기도 하니까 FGM을 받았거나 받을 것 같은 사람을 알면 선생님한테 꼭 보고하라고 하셨어."

"응, 엄마도 보육사 자격증을 받을 때 그런 걸 배웠어."

그건 그렇고 중학교에서 이렇게 무거운 주제를 가르칠 줄은 몰랐다. 사실 아들네 학교는 학생 대부분이 영국인이기 때문에 현실적으로 FGM 당사자는 없을 것 같았다.

"그래도 너희 학교는 애들이 거의 영국인이니까 선생님한테 보고할 일은 없지 않을까?"

내 물음에 아들이 답했다.

"그게 말이야, 얼마 전에 여자애가 전학을 왔는데 아프리카에서 온 이주민이래."

여름 방학을 목전에 두고 오다니, 꽤나 철 지난 전학생이
었다. 문득 백인투성이 교실에서 FGM에 대한 설명을 듣고 있
는 흑인 소녀를 상상했다.

"그 전학 온 여자애도 함께 FGM 수업을 들었어?"

"응, 실은 좀 일이 있었는데… 수업에서 FGM에 대한 영상
도 봤어. 흑인 여자들이 나오는 다큐멘터리 같았어. 그 사람
들은 모두 중년이었는데, 어렸을 때 받은 FGM에 대해 이야
기하는 거야. 부모님이 어떻게 거짓말을 해서 FGM을 받게
했는지, 얼마나 아팠는지, 어른이 된 뒤에도 얼마나 고통스
러웠는지 같은 내용이었어. 모두 엄청 힘들었을 것 같았는데,
영상에 나오는 여자 중 한 명이 전학 온 그 애의 엄마랑 닮은
거야…"

"어? 닮았다니, 얼굴이?"

"얼굴보다는 머리나 옷 같은 게 비슷했어. 아프리카 여성
특유의 스타일 있잖아. 머리에 컬러풀한 천을 두르거나 민속
의상처럼 색이 좀 화려한 드레스 같은 옷을 입거나. 전학생의
엄마가 딱 그런 차림으로 학교에 온 적이 있거든."

"아아…"

그 뒤로 교실에서 무슨 일이 일어났을지, 대충 상상할 수

있었다.

"애들이 '저 영상에 나온 거 너희 엄마 아냐?'라고 말하기 시작했구나."

"아니, 그러지는 않았어. 그 정도로 유치하게 말하는 애는 없는데, 여자애 중 몇 명이 여름 방학에 그 전학생이 FGM을 받게 되는 거 아니냐고 말하더라고…"

"아아…"

역시나 분위기가 어떻게 변해갔을지 상상할 수 있을 것 같았다.

"걱정이라는 이름의 편견. 이런 느낌으로 가십처럼 되었겠구나."

"맞아, 정말로 걱정이 되면 조용히 선생님한테 상담하러 가거나 다른 방법이 있지 않았을까…"

복잡하고도 미묘한 문제다.

학교에는 'FGM이 이뤄지는 지역에서 전학생이 올 경우 여름 방학을 앞두고 관련한 수업을 할 것'이라고 지침이 내려왔는지도 모른다.

걱정과 편견은 종이 한 장 차이인데, 마찬가지로 예방과 편견 역시 종이 한 장밖에 차이 나지 않는다.

수업에서 FGM을 가르치면 전국 각지의 중학교 교실에서 아들이 겪은 것과 비슷한 문제가 일어나리라고 충분히 예상할 수 있다. 그런데도 영국에서는 해당하는 지역에서 이주한 학생뿐 아니라 전교생에게 (성별 가리지 않고) FGM을 가르친다. 당사자가 다른 사람에게 털어놓지 못하는 경우가 많기 때문이다. 주위에서 '걱정'을 보고하여 FGM을 '예방'할 수 있도록 자진해서 나서길 바라는 것이다.

가르치지 않으면 아무런 풍파도 없을 것이다. 하지만 이 나라의 교육은 일부러 풍파를 일으켜서라도 소수의 당사자들을 보호하려 한다. 그리고 풍파가 일어난 일상을 체험하는 것 역시 온갖 문화와 관습이 공존하는 나라에서 살아가기 위해 필요한 훈련의 일환일 것이다.

다문화에 정답이란 없어

그다음 주, 나는 아들네 학교의 현관 한편에 서 있었다. 한 학기에 한 차례 재활용 교복을 판매하는 날이었기 때문이다. 이번에는 신입 멤버인 내가 두 팔 걷어붙이고 해진 교복을 수선한 덕에 여느 때보다 판매품이 많다고 했다.

기다란 접이식 테이블 세 개를 나란히 붙이고 그 위에 사이즈별로 교복을 진열해놓고 (정확히는 쌓아놓고) 판매했다. 낡은 셔츠나 바지나 스커트는 50펜스^{약 700원}, 운동복과 체육 수업용 파카 등은 1파운드에 판매하는데 수익은 재활용 부대의 경비로 쓰고 남으면 학교에 기부한다.

미세스 퍼플과 재활용 부대의 베테랑인 엄마와 나까지 셋이 테이블 앞에 서 있는데 아들이 친구들과 함께 복도 건너편을 지나쳐 가는 것이 보였다. 방과 후에 학생들이 잔뜩 현관으로 몰려나와 소란스럽다고는 해도 아예 모르는 척하는 게 괘씸해서 일부러 요란하게 손을 흔들었다. 아들은 부끄럽다는 듯이 머리를 숙이고는 가슴팍 부근까지만 올린 손을 살짝 흔들어주었다.

줄줄이 한꺼번에 나오는 아이들은 아들의 동급생들이었다. 몇 명인가 본 적 있는 아이들이 지나가서 "하이." 하고 웃으며 인사를 건네는데, 몸집이 작은 흑인 여자아이가 홀로 걸어오는 것이 보였다.

'쟤가 그 전학생이구나.' 하고 생각했다.

내가 서 있는 곳 맞은편의 현관 유리문으로 풍채 좋은 흑인 여성이 들어왔다. 원색 무늬가 있는 맥시 원피스 차림에 목에 건 커다란 금목걸이와 머리에 두른 오렌지색 터번이 눈에 띄었다. 팔에 아기를 안았고 뒤에는 근처 초등학교의 교복을 입은 아이 둘이 따라오고 있었다. 흑인 여성은 전학생 여자애와 만나 함께 우리 쪽으로 다가왔다.

"이게 재활용 교복이에요?" 터번을 두른 여성이 물어보았다.

"맞아요." 내가 답했다.

며칠 전, 전교생의 보호자들에게 휴대전화 메시지로 방과후에 재활용 교복을 판매한다고 알렸다. 그것을 보고 온 듯했다. 여성의 팔에 안겨 있는 아기가 얼굴의 절반은 차지하는 듯한 커다랗고 둥근 눈망울로 나를 바라보았다.

아들과 같은 반인 걸 알았지만, 일단 여자아이에게 물어보았다.

"몇 학년이니?"

"7학년요."

"담임 선생님은 누구야?"

"그린우드 선생님요."

"어머, 그러면 우리 아들이랑 같은 반이네."

대화에 이런 절차가 필요한 것은 다짜고짜 "애, 우리 애랑 같은 반이지? 아들한테서 네가 전학을 왔다는 얘기를 들었어."라고 할 수 없기 때문이다. 왜냐하면 전학생을 처음 만나는 내가 대번에 알아본 것은 '아들에게서 흑인이 전학을 왔다고 들은 사실'이 있었기 때문이다. 그런 사실을 내비치는 발언은 정치적 올바름으로 판단했을 때 배려가 부족한 것이다. 다문화 사회에는 곳곳에 지뢰가 숨어 있다.

불현듯 터번을 두른 여성이 힘이 넘치는 커다란 목소리로 말했다.

"아, 우리 애가 말한 중국인 남자애의 엄마로군요? 반에 중국인 남자애가 한 명 있다고 했거든요."

상대방은 지뢰 따위 알 게 뭐냐는 듯이 거침없이 말을 꺼냈다.

"아, 아마 그렇겠네요. 동양계는 우리 애밖에 없으니까."

살짝 당황하며 답했지만 상대는 전혀 신경 쓰지 않는 태도로 판매하는 교복들을 둘러보았다.

"이 테이블이 작은 사이즈예요?"

"아뇨, 저쪽이 S 사이즈랑 XS 사이즈 테이블이고, 여긴 M이에요. 저긴 더 큰 사이즈고요."

내 설명을 들은 여성이 쌓여 있는 교복을 하나하나 들추기 시작했는데, 한 팔로 아기를 안고 있어서 아무래도 불편해 보였다.

"괜찮으면 제가 대신 안고 있을까요?"

그렇게 제안하자 전학생의 엄마는 "고마워요." 하며 아기를 나에게 건네주었다. 아기는 맑디맑은 커다란 눈을 활짝 뜨고 나를 열심히 올려다보았다. 마치 '낯선 생물인데, 이건 뭐지?' 하며 관찰하는 듯 진지한 얼굴이었다.

전학생의 엄마는 차례차례 교복을 끄집어내고 허공에 펼쳐서 사이즈를 확인하고는 옆에 서 있는 초등학생 아들에게 대보았다.

"9월부터는 얘도 여길 다니거든요. 미리 교복을 사두려고요."

"아, 좋은 생각이네요. 한 학기에 한 번밖에 팔지 않으니까 오늘이 기회예요."

"애들이 다섯이나 있으면 옷도 큰일이에요."

"다섯?"

"아, 이제 하나 더 데리러 어린이집에 가야 해요."

전학생의 엄마는 그렇게 말하더니 교복에서 시선을 들었다.

"당신은요? 애들이 몇이에요?"

"저희는 하나예요."

"아아, 당신네 나라에서는 하나만 낳아야 하지요."

한순간 '어?' 하고 생각한 나는 상대의 얼굴을 보았다. 말투는 거침이 없었지만 표정은 왠지 동정하는 듯했다.

"아, 아니에요. 저는 중국 출신이 아니라 일본인이에요."

"일본은 아이를 얼마든 낳아도 괜찮아요?"

"네, 그리고 중국에서도 이제는 한 자녀 정책을 펼치지 않을걸요?"

그렇게 답하자 전학생의 엄마는 말없이 다시 교복으로 눈길을 돌렸다.

문득 나야 일본인이니까 그런 말을 대수롭지 않게 넘겼지만, 만약 진짜 중국인이었다면 상황이 어떻게 전개되었을까 생각했다.

"이제 곧 여름 방학이네요."

나는 기분을 바로잡고 화제를 전환했다.

"애가 다섯이나 있으면 방학 같은 건 지긋지긋해요. 뭘 하든, 어디를 가든, 지옥 같으니까."

"'홀리데이holiday'에 어딘가로 가요?"

'홀리데이'란 미국식 영어로는 '휴가vacation'를 뜻한다. 여름을 앞둔 이맘때가 되면 대화를 하다 "홀리데이에는 어디로 가?"라며 인사치레처럼 묻고는 한다. 그래서 나도 아무 생각 없이 물어본 것이었다.

터번을 두른 엄마의 손이 딱 멈췄다. 잔뜩 굳은 표정으로 고개를 들었다.

"아프리카에 돌아가지는 않으니까, 안심해요."

나를 찌르는 것 같은 눈빛이었다.

터번을 두른 엄마는 내 품에서 빼앗듯이 아기를 데려가 다시 안고는 테이블에 펼친 교복들을 놔둔 채 뒤돌아 현관을 향해 걷기 시작했다. 아들의 동급생인 딸과 초등학생인 동생들이 서둘러서 엄마를 따라갔다.

남겨진 나는 멍하니 서 있기만 했다.

그런 뜻으로 한 말이 아니었다. 오히려 나는 중국에 대해 생각하고 있었지, 아프리카는 전혀 안중에 없었다.

테이블 한편으로 골라둔 교복들을 들고 쫓아갈까 생각했다. 하지만 내가 미안하다고 하는 것도 이상했다. "미안해요. FGM 같은 건 생각도 하지 않았어요." 하고 사과하는 건 더욱 이상했다.

아들의 동급생인 여자아이가 이쪽으로 달려오더니 나에게 3파운드를 주었다. 여자아이는 엄마가 골라둔 교복을 전부 끌어안고 다시 달려갔다.

오랜만에 있는 힘껏 지뢰를 밟아버렸다.

이 나라에는 각양각색의 사람들이 살고 있고, 그들에게는 각양각색의 문화와 사고방식이 있으며, 각양각색으로 분노를 표현한다. 오랫동안 배워온 사실임에도 자칫하면 지뢰를 터뜨린다.

오렌지색 터번을 두른 엄마와 아이들은 조금 떨어진 곳에 서서 계속 이쪽을 보고 있었다. 교복을 끌어안은 여자애가 돌아오자 그들은 다시 등을 돌리고 걸어갔다.

FGM 수업의 풍파가 저 가족의 삶에까지 미치고 있다.

내 마음속에도 격렬한 파도가 치고 있다.

다문화 사회에서 살아간다는 것은 때로 해파리들이 둥실 둥실 떠 있는 바다를 헤엄치는 것과도 같다.

무릇 여름 방학이란 귀성의 계절이다.

나는 아들을 낳기 전까지 거의 귀성을 하지 않아서 7년 동안이나 일본 땅을 밟지 않기도 했다. 그래서 영국에 거주하는 일본인들이 "그 가게의 그걸 먹으러 정기적으로 돌아가야 해." 또는 "일본에 돌아가서 치과를 가야 해." 하는 마음을 이해하지 못했다.

혹시 이대로 영영 일본에 돌아가지 않게 될까 생각하던 무렵에 불쑥 아이가 태어났다. 그때부터 부모에게 손주를 보여주어야 한다는 일종의 사명감을 품게 되었고 지금은 다른 사람들만큼 귀성을 하고 있다.

아들이 학교를 다니기 시작하자 여름 방학에만 일본에 갈 수 있었다. 일본의 여름은 영국에 거주하는 사람들이 도저히 견디지 못할 정도로 덥고 습하다. 그래서 나는 "아, 진짜, 또 최악의 계절에 돌아가야 하나." 하고 우울해하는 반면, 아들은 늘 일본에 가는 걸 손꼽아 기다린다.

아들이 내 부친과 무척이나 사이가 좋기 때문이다. 두 사람의 관계에서 불가사의한 점은 아들이 전혀 일본어를 할 줄 모르고, 아버지 역시 영어는 입도 벙긋하지 못하는데, 왠지 서로 소통을 한다는 것이다.

실제로 최근 몇 년 동안 나는 일본에 돌아가면 후쿠오카의 고향 집에 아들을 둔 채 혼자 도쿄로 가서 일을 보곤 했는데, 그러는 것도 전부 아들이 "할아버지랑 같이 있는 게 좋아."라고 해서다.

두 사람은 함께 낚시를 하거나 프로 야구 경기를 보거나 게임센터에서 인형 뽑기를 하는 등 적당히 즐거운 시간을 보냈다. 어떻게 대화도 나눌 수 없는 사람들끼리 그럴 수 있을까? 애초에 두 사람에게 언어적으로 서로 뜻을 맞출 생각이 없기 때문일지도 모른다.

두 사람이 이야기하는 광경을 보고 있으면, 아버지는 사투리로 자기 말만 늘어놓고 아들은 영어로 수다스럽게 재잘거려서 전혀 대화가 되지 않는다. 그런데 가끔씩 놀랄 때가 있다.

"우와, 대단해!"

"오 마이 갓!Oh my god"

"이게 대체 뭐야?"

"왓 더 헬 이즈 댓?What the hell is that"

이렇게 서로의 언어가 절묘하게 맞아떨어지는 순간이 있다. 그럴 때는 옆에서 듣고 있던 내가 웃음을 터뜨린다. 두 사람을 보고 있으면 사람과 사람 사이의 소통에서 언어란 의외로 중요하지 않을지도 모른다는 생각이 든다. 그 정도로 할아버지와 손자는 마음이 잘 맞았다.

아들은 어릴 적에 아빠를 더 닮았었기 때문에 할아버지가 데리고 다니면 시골에서는 꽤 이목을 끌었다. 하지만 성장할수록 외모가 동양인처럼 바뀌어서 평범하게 할아버지와 손자가 외출한 것으로 보이게 되었고 더 이상 길에서 사람들이 돌아보지 않는다.

아직 아들이 세 살이었을 때 일이다. 아이와 함께 버스에 탄 적이 있는데 승객들이 일제히 우리에게 주목했다. 우리가 뒤쪽 자리에 앉자 앞쪽에 앉아 있던 중학생인 듯한 여자 아이들이 우리를 힐끔힐끔 보더니 웃으면서 자기들끼리 무언가 이야기했다. 나야 일본어를 알기 때문에 여자아이들이 "귀여워."라고 말하는 걸 알아들었고, 아들에게 주목하는 승객들의 시선에 결코 악의가 없다는 것도 알았다. 하지만 누가 그렇게 쳐다보는 게 처음이었던 아들은 버스의 좌석에서 잔뜩 움츠리고는 "모두 쳐다봐서 맘에 안 들어."라며 울기 시작했다.

사람들이 힐끔거려서 "I'm scared.^{무서워}"라고 한 것이 아니다. 아들은 분명히 "I don't like it.^{맘에 안 들어}"이라고 말하며 울었다.

"왜 나를 보는 거야? 뭐가 이상해?"

아들이 물어보았다.

"하나도 안 이상해."

내가 답했지만 아들은 울음을 멈추지 않았다.

"조그만 아이가 타니까 귀여워서 다들 보는 거야."

나는 이렇게 얼렀다.

그 일은 아들에게 사람들이 자신을 '다른 존재'로 바라본 첫 경험이었을 것이다. 그 뒤로 매년 일본에 갈 때마다 그런 시선을 경험했기 때문에 아들은 점점 그런 일에 익숙해졌다.

다행히 일본에 갈 때마다 자주 가는 수영장에서 미국인과 일본인 부모를 둔 소년과 알게 된 것이 큰 도움을 주었다. 서로 모국어인 영어로 이야기할 수 있기에 사이가 좋아진 두 사람은 금세 수영장에서 함께 놀게 되었다. 하지만 동네 사람들이 주로 이용하는 수영장이라 두 소년은 역시 눈에 띌 수밖에 없었다.

소년의 엄마는 미국에 거주하며 여름 방학마다 일본에 왔는데, 아이들이 성장하면서 자연스레 엄마들은 수영장에 들어가지 않게 되었다. 나와 소년의 엄마는 관람석에 앉아 잡담을 하면서 유리창 너머로 아이들이 수영하는 걸 바라보았다.

아이들은 단도직입적으로 교류를 시작하기 때문에 이윽고 눈에 띄는 두 아이에게 괜히 집적대거나 말을 거는 소년들이 나타나기 시작했다.

어느 날, 수영장에서 옷을 갈아입고 나온 아들과 미국에서 온 소년은 로비의 벤치에 앉아서 일본인 아이들이 한 말에 대해 이야기를 나누었다.

"가이진ㅆㅅ! 가이진ㅆㅅ! 다 그렇게 말하더라."

"응, 그건 '포리너foreigner, 외국인'라는 뜻이야."

"그러면 우리한테 '포리너! 포리너!'라고 한 거야? 좀 실례 아닌가."

아들의 말에 미국에서 온 소년이 덧붙였다.

"그리고 '하프'라는 말도 자주 듣지 않아?"

"아, 그러고 보니 가끔 들었는데 무슨 뜻이야?"

"우리처럼 일본인과 '가이진' 사이에서 태어난 아이들을 뜻하나 봐. 절반만 일본인이니까 하프half라고 부른다나. 그 말도 엄청 무례한 거라고 우리 아빠가 화냈었어."

미국에서 온 소년의 말을 들으며, 나는 아들에게 하프라는 단어의 의미를 가르쳐주지 않았음을 깨달았다. 아들은 저 소년처럼 일본어를 알지 못하기 때문에 자신을 가리켜 하프라고 부르는 건지 몰랐고, 그래서 나에게 무슨 뜻인지 묻지도 않았던 것이다.

그날 돌아가는 버스에서 나는 아들에게 그에 관해 이야기하기로 했다.

"오늘 수영장에서 '하프'에 대해 이야기했지?"

"응, 진짜 나쁜 말이더라."

아들의 말을 듣고 나는 일단 일본에서도 하프가 이른바 '피시PC, political correctness하지 않은' 표현으로 문제시된다는 사실을 말해둬야겠다고 생각했다.

"그래도 최근에는 '더블double'이라고 하는 사람이 늘어난 것 같아. '하프'가 아니라 '더블'이라고."

내 설명을 들은 아들은 잠깐 생각하듯이 창밖을 내다보더니 다시 나를 보며 말했다.

"나는 더블도 좀 이상한 것 같아. 절반이라고 하는 건 너무하지만 갑자기 두 배라고 할 필요도 없잖아. '하프 앤드 하프'는 안 돼? 절반이랑 절반을 더하면 다른 사람들하고 똑같은 '1'이 되잖아."

영국에서도 최근 들어 'mixed race'라는 표현이 정치적으로 올바르지 않다며 'biracial'°이라고 해야 한다는 주장이 제기되고 있다. 하지만 정작 여러 인종 사이에서 태어난 당사자들 중에는 "나에게 여러 인종의 피가 흐르는 것이 자랑스럽기 때문에 'mixed'라는 말을 사용하고 있다."고 하는 사람도 있다. 아직은 당사자들 사이에서도 의견이 통일되지 않은 것이다.

"하프든 더블이든, 절반이나 두 배라고 하면 어쨌든 다른 것이 돼버리잖아. 다들 똑같이 '1'이면 되지 않아?"

이렇게 아들이 수에 집착하는 것은 그저 수학을 좋아하기 때문인지도 모른다. 하지만 사람들이 힐끔거리는 게 싫다며 울었던 세 살 무렵의 작은 옆얼굴이 지금 창밖을 내다보는 아들의 얼굴에 겹쳐 보이는 것 같았다.

°   '두 인종의, 혼혈의'라는 뜻.

카운터 앞에서 부글부글 끓다

내 아버지가 손주와 마음이 잘 맞는다고 했지만, 아버지도 여든이 코앞에 다가온 고령자다. 열두 살짜리 손자와 계속 나다니기란 힘에 부칠 수밖에 없다. 올해는 할아버지가 좀 피곤한 기색을 보이자 아들이 먼저 "외출하지 말고 다 같이 집에서 영화를 보자."라고 했다.

고향 집에서는 넷플릭스 등을 볼 수 없기 때문에 DVD를 빌려다 보기로 했다. 영국에서 이미 멸종된 DVD 대여점이 일본의 교외에는 꽤 있다는 사실에 놀랐다. 부지가 넓고 건물이 커다란 데다 다루는 물건도 방대했다. 한국 사극에 푹 빠진 아버지도 널찍한 한류 코너에 감명을 받았다. "여기에 빌리러 오면 매일 텔레비전을 볼 필요도 없겠다."라며 기뻐했다.

아들은 영어가 아니면 알아듣지 못하기 때문에 서양 영화 코너에서 몇 편을 골라 카운터로 가지고 갔다.

"어서 오세요. 회원증은 가지고 계신가요?"

유니폼인 붉은 티셔츠를 입은, 아마 나와 비슷한 또래인 듯한 여성 직원이 말했다.

"아뇨, 이번이 처음이라서 회원 등록을 하고 싶은데요."

"현주소를 확인할 수 있는 신분증명서는 갖고 계신가요?"

나는 신분증명서를 가져오지 않았고, 설령 가져왔다고 해도 영국의 현주소가 이 상황에 도움이 될 리 없을 것이다. 어떡해야 하나 고민하는데, 아들이 "이것도 빌릴래."라면서 DVD를 한 장 더 가지고 왔다. "할아버지가 이걸 들고 '굿, 굿'이라고 했어. 할아버지가 보고 싶은 건가 봐."

불현듯 아버지가 "한국 드라마를 빌리러 올까." 했던 것이 떠올랐다. 아버지가 회원 등록을 하면 되겠다고 생각했다.

"저는 신분증명서를 가져오지 않았는데, 아버지가 함께 왔으니 대신 회원 등록을 해도 되지요? 운전면허도 괜찮나요?"

내가 직원에게 물어보았는데, 방금 전까지 생글생글 접객용 미소를 짓고 있던 중년 직원이 왠지 돌변해서 끈적끈적한 어두운 시선으로 나를 보았다.

"그럴 수는 있지만…."

미묘하게 불편해하며 마치 수상한 사람을 보는 듯한 표정을 지은 여성 직원은 내 손에서 DVD를 집어 들더니 노란색 카드를 DVD 케이스에서 빼내며 말했다.

"이거요. 이 대여 카드만 케이스에서 빼서 주시겠어요? 이렇게 케이스를 통째로 가져오시면 안 돼요."

"아, 그렇군요. 죄송해요. 처음이라 몰랐어요. 그러면 카드만 빼고 케이스는 도로 갖다놓을게요."

나는 아들과 함께 서양 영화 코너로 돌아가서 DVD 케이스를 하나씩 원래 자리에 돌려놓았다. 그리고 아직도 한류 코너를 구경하던 아버지에게 사정을 설명하고는 함께 카운터로 돌아갔다.

카운터에는 아무도 없었다. 카운터 안쪽에 상부 30센티미터 정도가 간유리인 칸막이가 있었는데, 그 뒤로 붉은 티셔츠를 입은 점원 두 명이 서 있는 게 비쳐 보였다. 무언가 소곤소곤하며 열심히 이야기하고 있었다.

"왠지 일본어도 좀 이상하고 데려온 애는 외국어만 말해."

"요즘 이 주변에도 외국인이 늘어났으니까요."

"아마 필리핀이나 그쪽 사람 같아."

"신경 쓰이면 점장을 부르는 게 나을지도 몰라요."

일본어가 좀 이상하다니, 일본인으로서 적지 않게 충격을 받았다. 그래도 눈 딱 감고 "저기요." 하고 목소리를 높였다.

칸막이 너머에서 아까 전의 중년 점원과 함께 좀더 어린 듯한 여성이 나타났다.

"아버지를 회원으로 등록하고 싶은데요."

내가 말하자 이번에는 젊은 여성 점원이 카운터로 왔다.

"신분증명서는 가지고 계신가요?"

"이거면 되나?" 하면서 아버지가 면허증을 내밀자, 점원은 안쪽으로 면허증을 가지고 가서 컴퓨터로 무언가를 확인했다. '일본의 상점에서는 구체적으로 무얼 어떻게 확인하는지, 그 작업을 어디에서 하는지 설명하지도 않은 채 손님의 신분증명서를 가지고 보이지 않는 곳으로 가도 괜찮구나.' 이런 생각을 하는데 젊은 점원이 돌아왔다.

"확인이 되어서 돌려드립니다."

점원이 아버지에게 면허증을 돌려주었다.

"다음은 이 서류를 기입해주시길 바랍니다."

젊은 점원이 회원 등록 요청서를 건네주었는데 아버지가 "아이고, 돋보기를 안 가져왔는데. 뭐라고 쓰여 있는지 하나도 안 보여."라고 말했다. "그럼 내가 대신 쓸까?"라고 말하자마자 칸막이 옆에 서서 끈적끈적한 시선으로 쭉 이쪽을 보고 있던 중년 점원이 허둥지둥 달려오더니 말했다.

"서류는 본인이 작성하셔야만 합니다!"

할 수 없이 "아버지, 요청서는 본인이 써야만 한대요."라고 최대한 명료한 발음으로 또박또박 말했지만, 20세기 초 영화에 출연한 배우 같은 말투가 되어버렸다. 이건 이것대로 현대 일본에서는 부자연스러운 말투일 것이다. 당장 내 말을 들은 아버지부터 '이 녀석이 지금 무슨 말을 하는 거야?' 하는 듯한 얼굴로 나를 보았다.

애초에 일본인인 내가 왜 일본인으로 인정받기 위해 노력해야 한단 말인가.

"그러면 내가 쓸 테니, 펜은 좀 빌려주소."

아버지는 요청서를 적기 시작했다. 하지만 이내 "여기에 주소를 쓰라는 거냐?" 하며 갈팡질팡하기에 "맞아, 거기가 주소. 그 아래는 생년월일."이라고 알려주었다. 이번에도 중년 점원이 마치 사기 현장을 덮치듯이 딱 잘라 말했다.

"질문은 저희에게 해주세요. 다른 사람에게 묻지 않으시길 바랍니다."

'다른 사람'이라니 대체 무슨 의미일까.

회원 등록을 요청하는 자와 그것을 심사하는 점원 외에 제3자. 현주소를 증명할 신분증명서조차 제시하지 못하고, DVD를 빌리는 법도 모르며, 일본어로 말하지 못하는 아이를 데리고 다니는, 이 일대에 속하지 않는 수상한 자.

'다른 사람'을 영어로 옮기면 'others'일 것이다. 'us우리'에 대비되는 'others다른 사람'.

중년 점원이 진짜로 하고 싶었던 말은 '외부인'이 아니었을까.

아버지가 회원 등록을 마치고 무사히 DVD를 빌렸을 때,

아들은 지루함을 견디지 못해 매장 한쪽에 마음껏 쓰라고 놓인 게임기로 놀고 있었다.

"집에 가자." 내 말에 아들은 원래 있던 위치와 살짝 떨어진 자리에 게임기를 두고는 아버지와 나에게로 왔다. 중년 점원이 카운터에서 무시무시한 기세로 달려가서는 게임기를 정리하는 모습이 보였다. 자신이 속한 세계와 자신이 이해하는 세계가 조금이라도 흔들리거나 변하는 걸 싫어하는 사람 같았다.

일본에 돌아갈 때마다 저 점원 같은 사람들이 늘어나는 것 같은데, 과연 내가 너무 신경질적으로 받아들이는 것일까.

'You'는 뭐 하려고

고향 집 근처에는 일본 요릿집이 있어서 귀성할 때마다 꼭 들르곤 하는데, 이번에는 그곳에서도 묘한 일을 경험했다.

아버지와 아들까지 셋이서 좌식 테이블에 앉아 식사를 즐기고 있는데, 정장을 입은 중년 남성이 부하 직원 같은 젊은 남성 두 명을 데리고 들어왔다. 그들은 단골인 모양으로 주인에게 맡겨둔 술병을 꺼내달라 하더니 카운터에 앉아서 마시기 시작했다. 다른 곳에서 한잔 걸친 듯 상사인 중년 남성은 이미 취해 있었다.

작은 가게라 카운터와 좌식 테이블 사이에는 거의 거리가 없었고 서로 대화도 잘 들렸다. 아들과 내가 영어로 이야기를 하는데 중년 남성이 슬쩍슬쩍 우리를 보는 것이 느껴졌다.

"유you는 뭐 하러 일본에?"

갑자기 중년 남성이 우리 쪽을 돌아보더니 말을 걸었다. 같은 제목의 예능 프로그램°이 일본에 있는 건 알고 있었고, 실제로 일본에서 몇 번 보기도 했다.

"귀성이에요. 부모님이 이 근처에 살고 계시거든요."

내가 답했다.

"매년 손주를 보여드리러 영국에서 돌아오고 있어요."

카운터 안쪽에 있던 주인이 보충해주었다.

"호오."

중년 남성은 술에 취해 풀린 눈으로 아들을 이리저리 둘러보았다.

"일본어는 못 하나 봐? 그 아이."

중년 남성의 질문에 내가 답했다.

"말하지 못해요. 제가 게을러서 일본어를 제대로 가르치지 않았지만요. 우리 애는 영어만 할 줄 알아요."

° 「유는 뭐 하러 일본에?(YOUは何しに日本へ?)」는 공항에서 마주친 외국인들에게 일본에 온 이유를 묻고, 흥미로운 답을 한 이들을 밀착 취재하는 예능 프로그램이다.

그 취객은 아예 몸 전체를 이쪽으로 돌리고는 의자 등받이에 양팔을 축 걸치고 앉았다.

"왜 가르치지 않는데? 영어는 가르치고 일본어는 가르치지 않는다니 일본을 무시하는 거 아냐?"

남성은 강한 말투로 말했다. 나는 왜 일본에 돌아올 때마다 누군가한테 혼날까 생각하면서 답했다.

"무시했다기보다는 영국에서 살다 보니까 자연스럽게 영어로 말하게 되더라고요."

아버지가 '더 대꾸하지 마.'라고 하듯이 고개를 작게 저으며 눈짓을 했다. 하긴 상대가 취한 건 분명하다. 이런 일에 일일이 반응하다가는 끝이 없다.

"알겠어? 일본에 긍지를 지닌 일본인이라면 그래서는 안 돼. 당신도 일본인이잖아? 일본어를 가르치고 일본인의 마음가짐을 가르쳐야 일본의 어머니라고 할 수 있는 거야."

대체 한 문장 안에 '일본'이라는 단어가 몇 번이나 등장하는 건가. 나는 남성을 무시하기로 했다. 오래전부터 일본의 어머니가 되는 데에는 관심도 없으니까.

못이라도 박힌 듯 계속해서 우리를 쳐다보는 중년 남성의 양옆에서 젊은 두 부하 직원이 사죄하는 듯한 표정으로 우리를 향해 고개를 숙였다.

"애초에 말이야. 애초부터 말하자면, 영어만 할 줄 알면 된다는 태도 자체가 일본 경제를 무시한다는 증거야. 요즘은 죄다 영어 아니면 중국어지. 그것만 할 줄 알면 나머지는 필요 없다고 생각해. 외국인이 일본을 무시하는 건 그렇다 쳐. 그런데 일본인이 일본을 무시하기 시작하면 끝장이라고."

중년 남성은 본격적으로 투덜투덜 술주정을 하기 시작했다. 이번에는 카운터 안쪽의 주인이 '미안해.'라고 말하듯 얼굴을 찡그리고 가슴팍 앞에 두 손바닥을 모았다.

"에취!" 하고 큰 소리를 내며 재채기를 한 취객은 호주머니에서 손수건을 꺼내 코와 입을 막고는 그 상태로 몇 차례 "에취!" 하며 재채기를 연발했다.

"오늘은 유독 미세먼지가 많이 날아왔어. 재채기가 도통 멈추질 않네. 중국이 날려 보내는 거 아냐. 그 녀석들은 이웃나라에 끼치는 폐 같은 건 생각도 안 하는 민족이야. 관광 매너만 나쁜 게 아니라 산업 매너도 나쁘다고. 일본인과 달라서 섬세한 배려를 할 줄 모르는 놈들이야. 그런 나라의 기업이 매출을 올리는 건 다 너희 같은 젊은 세대가 신통치 않아서라고. 너희들, 정신 똑바로 차려야 해."

중년 남성은 그렇게 말하고는 양옆에 앉은 부하들의 머리를 쿡 찔렀다.

재채기는 중국 탓이고, 매출이 떨어지는 건 젊은 세대 탓. 이대로 가다가는 일본 경제의 쇠퇴가 일본어를 가르치지 않는 엄마들 탓이라고 할 기세였다. 나이는 나와 비슷해 보이는데, 취객의 주정은 너무나 고전적인 일본 아저씨 같았다.

그 순간, 말없이 밥을 먹던 아들이 "화장실."이라며 자리에서 일어났다. 카운터에 앉은 취객 옆을 지나쳐서 화장실에 갔다가 다시 그 옆을 통해서 돌아오는데, 갑자기 취객이 목소리를 높였다.

"유You!"

아들이 깜짝 놀라서 멈춰 서자 중년 남성은 검지로 아들의 얼굴을 가리키면서 말했다.

"유는 뭐 하러 일본에?"

아들은 어안이 벙벙한 얼굴로 나를 보았다.

"흥, 너는 어차피 자기가 무슨 말을 듣는지도 모르지."

중년 남성은 히죽거리면서 같은 말을 반복했다.

"유는 뭐 하러 일본에? 유는 뭐 하러 일본에?"

"요시오카 씨, 오늘은 그만 파하시는 게 좋겠는데요."

카운터 안쪽에서 주인이 말했다.

"맞아요, 마침 사모님이 휴대전화로 메시지도 보내셨네요. 바로 들어가신다고 답할 테니까 이제 진짜 가셔야 해요."

한 부하가 그렇게 말하자 다른 부하도 "죄송해요." 하며 우리에게 고개를 숙이고는 상사의 허리에 팔을 둘러 일으켜 세웠다. 젊은 부하들은 요릿집 주인에게도 고개를 숙이고 반쯤 잠든 상사를 거의 끌듯이 하며 밖으로 나갔다.

"저 사람이 뭐라고 한 거야?"

다시 테이블 앞에 앉은 아들이 나에게 물어보았다.

"아드님한테는 대충 둘러대는 게 좋겠어요."

요릿집 주인이 말했다.

"저런 게 일본에서 나쁜 추억으로 남으면 안 돼요."

주인의 말에 아버지도 말없이 고개를 끄덕였다.

"엄마도 저 사람이 뭐라고 했는지 못 알아들었어. 너무 취해서 혀가 꼬였더라고."

나는 웃으면서 아들에게 말했다.

미세먼지가 날아오는 것보다도, 일본 경제가 중국에 추월당하는 것보다도, 내가 태어난 나라의 사람이 무슨 말을 했는지 아들에게 알려줄 수 없다는 사실이 나는 훨씬 슬펐다.

미래는
너희들의 손에

『사랑해 너무나 너무나』°라는 그림책이 있다. 영어 원제는 "And Tango Makes Three"다. 뉴욕 센트럴파크 동물원에 있는 수컷 펭귄 두 마리가 사랑에 빠져 겪는 이야기로 실화가 바탕이라고 한다.

자식을 만들 시기가 되어 다른 펭귄들이 알을 낳고 따뜻하게 품는 것을 본 두 수컷 펭귄은 알과 닮은 돌을 주워서 품기 시작한다. 그 광경을 본 사육사는 두 수컷이 커플임을 눈치채고 다른 펭귄이 방치한 알 하나를 몰래 수컷들의 둥지에

° 저스틴 리처드슨·피터 파넬 글, 헨리 콜 그림,
강이경 옮김, 담푸스 2012.

둔다. 그러자 수컷 두 마리는 교대로 알을 품기 시작하고 이윽고 아기 펭귄이 태어난다. 두 수컷은 아빠가 되고 아기 펭귄에게는 탱고라는 이름이 생긴다는 줄거리다.

이 그림책은 영국 보육업계의 바이블이라고 해도 과언이 아니다. 『배고픈 애벌레』°나 『괴물들이 사는 나라』°°와 마찬가지로 어느 어린이집에든 반드시 있는 명작이다. 나도 내 의자 주위에 아이들을 앉히고는 수없이 많이 이 책을 읽어주었다. 주로 3세와 4세를 대상으로 이 책을 읽었다. 영국에서는 공립 초등학교의 경우 4세의 9월에 입학하니, 이른바 어린이집의 '고연령반'인 셈이다.

내가 살고 있는 브라이턴은 영국에서도 LGBT가 많은 지역으로 유명해서 '영국의 게이 수도'라고 불리기도 한다. 예전에 내가 일했던 민간 어린이집은 LGBT의 구역으로 알려진 동네에 있었기 때문에 탱고처럼 동성 부모를 지닌 아이들이 몇 명이나 있었다.

그곳에서 그림책을 읽어줄 때 가장 흥미로웠던 점은 아이들이 늘 같은 대목을 좋아했다는 것이다. 그 연령대의 아이들은 어른에게 한 그림책을 반복해서 읽어달라고 한다. 이제 슬슬 질리지 않을까 싶어도 같은 이야기를 몇 번씩 들으며 한 구절 한 글자까지 외워서 보육사와 함께 대사를 말할 수

°   에릭 칼 지음, 이희재 옮김, 더큰 2007.
°°   모리스 샌닥 지음, 강무홍 옮김, 시공주니어 2002.

있을 정도가 된다. 그리고 아이들은 늘 같은 대사에서 즐거워하고 웃음을 터뜨렸다.

아이들이 가장 좋아했던 대목은 동물원 사육사가 두 수컷 펭귄이 커플임을 눈치채는 장면이다.

"They must be in love. 저들은 서로 사랑하는 게 틀림없어"

아이들은 이 대사를 무척이나 좋아했다. 이 장면을 숨죽이며 기다리다가 사육사가 말할 차례가 되면 스무 명이 넘는 아이들이 일제히 외쳤다.

"They must be in looooooove!"

조숙한 여자아이들은 부끄럽다는 듯이 키득거렸고, 남자아이들은 왠지 멋쩍은 듯이 웃으며 서로 얼굴을 마주 보았다. 수컷 펭귄끼리 사랑에 빠져서 웃은 것은 아니다. 성을 의식하기 시작할 무렵에 'in love'라는 말을 입에 담는 게 어쩐지 간질간질해서 웃은 것이다.

다른 그림책을 읽었을 때, 예컨대 왕자와 공주가 사랑에 빠지는 장면에서도 아이들이 똑같이 좋아했기 때문에 그저 '사랑'이라는 단어에 반응한 것임을 알 수 있었다. 아이들에게는 누군가의 사랑은 다수파이고 누군가의 사랑은 소수파라는 감각이 전혀 없다. '누가' 하든 상관없이 '사랑에 빠지다'라는 대목이 중요한 것이다.

아이들은 아기 펭귄의 이름이 '탱고'가 된 이유에 대해서도 깊은 흥미를 보였다. "탱고에는 두 사람이 필요하다.It takes two to tango"라는 속담에서 유래한 이름임을 어른은 대번에 알 수 있고, 그림책에도 그것을 암시하는 표현이 있다. 하지만 아이들은 그 속담의 의미를 이해하지 못했다.

"탱고는 혼자서 출 수 없지? 그러니까 두 사람이 협력해야 한다는 말이야."

"탱고가 알에서 나오기 전에 두 아빠가 품었으니까?"

"맞아, 맞아. 두 아빠가 매일 교대로 따뜻하게 품어서 탱고가 태어났잖아."

"내가 알에 있을 때도 엄마랑 아빠랑 품었을까?"

"아냐, 사람은 알에서 태어나지 않아."

"탱고도 제임스처럼 아빠가 두 사람이라 좋겠다. 우리 집도 아빠가 둘이면 좋을 텐데."

나는 그렇게 말한 아이에게 물어보았다.

"왜 아빠가 둘인 게 좋아?"

"셋이서 축구할 수 있잖아."

그 말을 듣고 옆에 있던 아이가 말했다.

"아냐, 엄마가 둘인 게 더 좋아."

"왜?"

"엄마가 축구를 더 잘해."

"우리 집은 엄마밖에 없는데. 하지만 가끔씩 엄마 남자친구가 와."

"우리는 아빠 하나에 엄마 둘. 같이 사는 엄마랑 주말에 만나는 엄마."

"우리 아빠는 평소에는 아빠인데 일하러 나갈 때는 옷을 갈아입어서 엄마가 돼."

다양한 가정에 다양한 아이들이 있었다. 부모가 동성애자인 아이, 평일에는 새엄마랑 살다가 주말에만 친엄마의 집에서 자는 아이, 아버지가 펍pub에서 노래하는 여장 가수인 아이. 아이들은 자신의 가족이 다른 아이의 가족과 달라도 전혀 신경 쓰지 않았다. 각각 다른 게 당연하고, 다른 것이 좋은지 나쁜지 생각조차 하지 않기 때문이다.

"좋아, 아직 시간이 있으니까 한 권 더 읽자. 이번에 뭘 읽을까?"

"한 번 더 탱고 책 읽어줘."

"뭐? 또 읽으라고?"

"탱고! 탱고!"

"그럼 이번에는 누구한테 읽어달라고 할까? 너희들 이제 전부 외우니까 선생님 대신 앉아서 읽을 수 있잖아?"

내 말에 아이들이 너나없이 손을 들며 "나!" "나 할 수 있어!" "나 시켜줘!"라고 외치기 시작했다.

"음, 누구한테 읽어달라고 할까? 보자…."

이렇게 말하는 순간에 눈이 떠졌다.

오랜만에 어린이집에서 일하던 시절의 꿈을 꾸었다. 왜 그 일이 꿈에 나왔을까. 요즘 들어 동성애자 차별 문제에 대해 생각했기 때문일까.

유아들의 세계란 어쩌면 이토록 컬러풀하고 자유로울까.

아이들에게는 '이래야만 한다.' 하는 틀이 없었다. 남자와 여자, 부부, 부모와 자식, 가정. '이런 게 평범하지.' 또는 '저런 건 이상해.' 같은 개념은 물론 나아가 '나는 이런 형식은 싫어.'라는 호불호조차 없었다. 그런 기호는 성장하면서 어딘가 혹은 누군가에게 영향을 받아 형성되기에 어린아이에게는 그런 것이 없었다. 무언가를 있는 그대로 수용한다. 유아란 선禪의 마음가짐을 지닌 아나키스트다. 하지만 성장할수록 아이들도 사회에 이런저런 틀이 있음을 깨닫는다. 그토록 자유로운, 이 세상 모든 것에 얽매이지 않는 명랑한 존재였건만, 더 이상은 그럴 수 없게 된다.

『사랑해 너무나 너무나』를 달달 외워서 서로 낭독하겠다고 나서던 아이들은 지금쯤 어떻게 지내고 있을까. 지금도 천

진난만하게 서로의 가정환경에 대해 이야기하며 자신의 가족과는 다른 형태의 가족을 아무런 편견 없이 받아들이고 있을까. 문득 이런 생각이 들었다.

그 생각 때문인지 잠자리에서 일어나는 기분이 좀 어두웠다. 그래서 책을 손에 들고 다시 누웠다.

꿈속에서 본 밝은 색채와는 대조적으로 창밖에는 잿빛 구름이 빽빽한 하늘이 펼쳐져 있었다.

모두 다른 게 당연해

리베카 솔닛의 『남자들은 자꾸 나를 가르치려 든다』°를 펼치고 이어서 읽었다. 마치 방금 전에 본 꿈과 연결되는 듯한 내용이 쓰여 있었다.

이 책에 실린 「위협을 칭송하며」라는 에세이에서 솔닛은 동성결혼이 전통적 결혼에 대한 위협이라는 보수파의 주장을 부정하기보다는 외려 칭송하자고 말한다.

동성결혼 지지파는 보수파의 주장을 바보 같은 소리로 치부하기 십상인데, 솔닛은 그 점이야말로 중요하다고 한다. 전통적 결혼을 지켜야 하는 무언가로 여기는 전제부터 이상하

° 김명남 옮김, 창비 2015.

며 전통적 결혼 따위 그렇게 좋은 것도 아니라고 단칼에 잘라 말하는 것이다.

오래전, 여성은 결혼과 동시에 어쩔 수 없이 남편과 하나가 되어야 했다. 즉 결혼이 여성을 지워버린 것이다.

19세기 후반까지 미국에서는 여성이 결혼하면 법적으로 온갖 것들을 남편에게 줘야 했다. 아내가 지니고 있던 재산도, 아내가 하는 돈벌이도, 전부 남편의 소유가 되었다. 아내를 향한 폭력을 막는 법도 없었다. 여성은 남편에게 모든 소유물을 몰수당했고, 남편에게 폭력을 당해도 범죄가 성립되지 않았다.

긴 시간 동안 법 제도가 개정되었고 조금씩 여성이 지워지지 않고 살 수 있게끔 사회가 변해왔지만, 아직도 여성은 가부장제와 싸우고 있다.

최근 몇 년 동안 미국과 유럽에서는 '평등결혼marriage equality'이라는 말이 여기저기서 쓰이고 있다. 남녀의 불평등성을 내포한 채 이뤄지는 이성결혼과 달리, 동성결혼에는 가부장제로부터 완전히 자유로운 관계성이 있다. (같은 젠더끼리 하는 결혼은 근본적으로 평등하다.) 그 때문에 동성결혼은 전통적 결혼을 위협할 수밖에 없으며, 오히려 그 위협을 반갑게 받아들여야 한다고 솔닛은 적었다.

평등결혼을 싫어하는 사람들도 있다. 그들은 전통적 결혼이 인간성과 사회에 가장 좋은 시스템이기 때문에 오늘날까지 이어진 것이라고 믿는다. 그러한 믿음의 바탕에는 결혼의 의의가 아이를 낳고 키우는 것이라는 사고방식이 자리하고 있다.

세상에는 결혼하고도 아이를 낳지 않는 사람이나 아이를 낳고도 이혼하는 사람, 또는 결혼하지 않고 아이를 낳는 사람도 있다. 애초에 정자와 난자가 결합하고 복제한다는 생식의 프로세스조차도 오늘날에는 대리모를 쓰거나 체외수정을 하는 등 다양한 선택지가 존재한다. 그런 것들이 오래전에 없었던 이유는 전통 때문이 아니라 그저 기술이 부족했기 때문이다.

예를 들어, 우리 집 아들도 체외수정으로 태어난 아이다. 나는 이 사실을 그에게 전하는 데 신중할 수밖에 없었다. 그 아이가 가톨릭 초등학교를 다녔기 때문이다. 로마 가톨릭 교회는 체외수정을 부도덕한 것으로 여기며 인정하지 않는다.

나는 40대에 아이를 낳았는데, 아들네 동급생의 엄마 중에 나와 같은 또래인데 아이가 하나밖에 없는 사람이 있었다. 나도 그랬지만 그 엄마도 '혹시 저 집도 그건가?' 하고 생각하지 않았을까 싶다. 하지만 그렇다고 "우리는 체외수정을 했어요."라고는 도저히 말할 수 없는 환경이었다. 겉으로는 독실한 가톨릭 신자처럼 보이며 아이가 가톨릭 교육을 받는 것을 승낙한 끝에 입학 허가를 받았기 때문이다.

배우자는 아이에게 얼른 사실대로 밝히는 게 좋다고 했지만, 나는 "초등학교 고학년까지 기다리자."라고 주장했다. 아들이 '나는 부도덕하게 태어난 아이'였다며 충격을 받거나 이상한 열등감을 품으면 낭패이기 때문에 어느 정도 대화가 통하는 나이가 되길 바랐다. 그리고 무엇보다 성교육을 받기 전에 밝혔다가 "그럼 평범한 애들은 어떻게 만들어지는데?"라고 질문을 받으면 내가 설명해야 하는데, 귀찮았다.

초등학교에서 성교육을 받길 기다린 다음, 나와 배우자는 거실 소파에 아들을 앉히고 그가 어떻게 해서 태어났는지 고백했다.

아들에게 너는 학교에서 배운 방법대로 태어나지 않았으며, 체외에서 난자와 정자를 수정시키는 방법으로 생식한 아이라고 얼추 설명했다. 다 들은 아들이 물었다.

"그럼 엄마는 성모 마리아야?"

생각지 못한 질문에 마시던 차를 내뿜을 뻔했는데,

"하하하, 농담이야."

아들이 이렇게 말하며 웃은 덕에 안도했다.

가톨릭 초등학교에서 받는 종교교육과 교회에서 이뤄지는 성서교육, 그리고 (겉보기에는) 독실하고 훌륭한 가톨릭 가정의 아이들에 둘러싸인 환경을 고려하면, 아들이 틀림없이 진실을 복잡하게 받아들일 것이라 예상했다. 하지만 맥이 빠질 정도로 아들은 개의치 않았다.

"쿨. 우리 집도 진짜^{authentic}구나 생각했어."

"뭐?"

"모두 다른 게 당연하잖아."

아들의 초등학교 동급생들은 이른바 전통적인 보수주의자 가정의 아이들로 한부모 가정조차 없었다. 설사 있다고 해도 사실을 숨길 것 같은 분위기이긴 했는데, 아이들은 어른과 달리 터놓고 이야기를 했는지도 모른다.

게다가 아들이 '모두 다른 게 당연'하다고 생각하는 것은 초등학교에 입학하기 전 어린이집에서 받은 영향이 크기 때문일 것이다. 아들이 『사랑해 너무나 너무나』를 샅샅이 외우던 유아 시절을 보내다 갑자기 가톨릭 초등학교에 다니게 되었지만 그나마 겨우 네 살이었던 덕에 자연스럽게 적응했다고 나는 생각해왔다. 하지만 아들 나름대로는 위화감을 느꼈는지도 모르겠다.

열두 살의 섹슈얼리티

여름이 끝나가던 무렵에 오랫동안 연락이 끊겼던 지인에게서 전화가 걸려왔다. 어린이집에서 일하던 시절 내가 맡았던 아이의 엄마였다. 얼마 전 아들이 친구와 함께 영화관에 갔는데, 그 지인도 가족끼리 같은 영화를 보러 갔다 아들과 마주쳐서 내 휴대전화 번호를 물어보았다고 했다.

그 지인은 "몇 년 전에 빌린 난로를 돌려주지 않았더라고. 지금이라도 주고 싶어서."라고 말했다.

지인의 아들과 내 아들은 동갑이라 어린이집에서도 함께 노는 사이였다. 초등학교에 입학한 뒤에도 몇 년 동안은 아이의 생일 파티에 서로 초대했지만, 다른 학교에 다니게 된 아이들이 대체로 그러듯이 조금씩 사이가 멀어졌고 머지않아 연락도 끊기고 말았다. 마지막으로 만났을 때, 지인은 집의 중앙난방 시스템이 고장 나서 수리해야 하는데 배우자가 실업 중이라 돈이 부족하다고 했다. 그래서 우리 집에 있던 휴대용 난로를 빌려주었던 것이다. 비상용으로 사두었던 난로라 나도 까마득히 잊고 있었다.

"운이 좋았는지 그 뒤로 우리 사업도 자리를 잡기 시작했어. 넓은 집을 사서 이사했고, 아이도 둘이 되었어."

휴대전화 너머에서 지인이 말했다.

"와, 그렇구나. 남자애야, 여자애야?"

"여자애. 올해 9월부터 초등학교에 다닐 거야."

그래픽디자이너인 배우자의 실직 상태가 길어져서 아예 둘이 사무소를 차렸는데, 그 사업이 번성했다고 했다. 이러쿵 저러쿵해도 (다들 그렇듯) 행복한 것 같은 근황을 듣고 다시 만날 약속을 잡은 다음 전화를 끊었다.

"주말에 영화관에서 윌네 가족이랑 만났다며?"

아들에게 물어보니 기타 치던 손을 멈추고 답해주었다.

"아, 맞다. 출구 근처에서 윌네 엄마가 말을 걸었어. 윌은 키가 엄청 컸더라. 여동생도 생겼다던데."

"그렇다더라. 전화로 들었어."

"다니엘이 좀 충격받은 것 같았어."

아들은 그렇게 말하며 웃었다. 왜 그랬을지 상상이 되었다. 윌의 '두 엄마'는 모두 무척이나 '핸섬 맨', 아니 '핸섬 우먼'이기 때문이다.

"영화 보고 햄버거를 먹으러 갔는데, 내내 여자끼리 어떻게 아이를 만들 수 있냐고 물어보면서 귀찮게 굴었어."

다니엘은 「알라딘」에서 함께 공연한 뒤 아들의 친구가 되었다. 헝가리에서 온 이주민 가정의 아이로 비백인에게 차별적인 말을 하거나 언덕 위 공영단지에 사는 사람들이 반사회적이라고 단정하는 탓에 종종 아들과 입씨름을 벌이는 모양인데, 그래도 친구라 함께 놀러 다니기도 한다. 둘 다 음악과 연극을 좋아하는 등 취미가 비슷해서 그럴 것이다. 게다가 아들의 말에 따르면 다니엘은 학교에서 "요즘 드문 구식 사고 방식을 가진 촌스러운 녀석"으로 찍혀서 외톨이가 되었다고 한다. 그런 걸 보니 그냥 놔둘 수 없었던 모양이다.

"나는 윗녘 집처럼 부모님이 레즈비언이거나 게이인 집을 어릴 때부터 봐와서 대수롭지 않게 생각하지만 다니엘은 다르니까. 내가 어린이집에 다닐 때 다니엘은 아직 헝가리에 있었고. 그래서 이것저것 할 말이 많았던 것 같아."

헝가리라 하면, 빅토르 오르반Viktor Orban 정권하에서 사회 전체가 우경화했다고 화제가 되었다. 헝가리에서 뮤지컬「빌리 엘리어트」공연이 취소된 적도 있었다. 「빌리 엘리어트」는 1980년대 영국 탄광촌을 무대로 하는 이야기다. 탄광 마을이라는 마초macho스러운 환경에서 성장하던 주인공 빌리가 발레의 재능에 눈을 떠 가난, 억압, 젠더, 섹슈얼리티에 대한 편견 등이 가로막은 상황에도 댄서의 길로 나아간다는 줄거리다. 2000년에 개봉한 영화를 바탕으로 만들어진 뮤지컬은 엘튼 존이 작곡을 맡았고 전 세계에서 크게 흥행했다. 하지만 헝가리에서는 '동성애를 퍼뜨리는 뮤지컬'이라고 주장하는 캠페인이 벌어져서 티켓도 팔지 못하고 취소되었다.

한 헝가리 신문에는 "아이들을 동성애자로 만들지 모른다." 하는 논설이 실렸다고 한다. 『가디언』은 그 사설에 "고령화가 진행되며 인구가 감소하는 시대에 동성애를 선전하는 짓은 국익이 될 수 없으며, 우리 조국은 침략의 위협에 노출되어 있다."라고 쓰여 있다고 전했다.

'동성애 선전은 국익이 될 수 없다'라는 말에서 마거릿 대처 전 수상이 떠올랐다. 대처 역시 학교에서 동성애에 대해 가르치면 안 된다는 내용이 포함된 악명 높은 '섹션28'이라는 법을 만든 바 있다. 그 대처 시절을 배경으로 하는 뮤지컬이 아직도 뉴스에서 거론되는 것이다.

"다니엘은 뮤지컬을 좋아하니까 빌리 엘리어트에 대해서도 당연히 알고 있지?"

"응, 노래도 전부 부를 줄 알아. 엄청 잘 부르는걸. 하지만 그런 거랑 현실은 다르지 않을까. 다니엘이 라이프 스킬 수업에서 LGBTQ에 대해 배웠다고 하니까 아빠가 엄청 화냈대."

이주민이라고 해도 모두가 영국의 교육과 사고방식에 동의하는 것은 아니다. 각자의 출신 국가나 종교적 신념에 따라 중학교에서 이뤄지는 라이프 스킬 수업에 대해 불쾌해하는 이주민 부모도 있을 법하다. "학교에서 가르친 건 틀렸어."라고 아이에게 말하는 보호자가 있을지도 모른다.

그러고 보니 아들 역시 분명 가톨릭 초등학교에서는 LGBTQ에 대해 배운 적이 없을 것이다.

"수업에서 LGBTQ에 대해 어떤 걸 배웠어?"

"각 문자가 의미하는 게 무엇인지, 그러니까 레즈비언, 게이, 바이섹슈얼, 트랜스젠더, 퀘스처닝questioning이 무엇인지 설명한 다음에 호모포비아나 바이포비아 같은 혐오는 절대로 있어서는 안 된다든가 젠더에 대한 스테레오 타입도 잘못되었다든가 하는 것들을 배웠어."

"흐음."

"그 수업을 받은 날 집에 오면서 친구들이랑 각자의 성적 지향은 무엇일까 이야기했어."

"응."

"나랑 팀은 아마 이성애자인 것 같다고 했어. 다니엘은 괜히 자기는 이성애자일 수밖에 없다고 열을 냈고. 그런데 올리버가 자기는 아직 모르겠대questioning."

럭비부와 축구부에서 동시에 활동하며 아직 8학년인데도 두 종목 모두 학교 대표로 선발된, 커다란 몸이 딱 벌어진 올리버가 떠올랐다. 아들의 친구들 중에서 겉보기로는 가장 마초일 것 같은 아이다. 열두 살짜리 남자아이가 대체 어떤 표정을 지으며 그런 말을 했을까 생각하다가 살짝 걱정이 되었다.

"다니엘이 뭐라고 안 했어?"

"처음에는 충격받은 것 같았는데, 올리버가 너무 냉정하게 말하니까 거기에 좀 기가 눌린 것처럼 '시간을 들여서 정하면 돼, 급하게 정할 필요는 없어.'라고 했어."

그렇게 말하며 웃는 아들을 보면서 저 아이들은 이제 부모의 성적 지향이나 가족의 형태에 대해 운운하기보다는 자기 자신의 섹슈얼리티에 대해 고민할 나이가 되었다는 것을 깨달았다.

"그렇구나. 다니엘은 요즘 충격이 끊이지 않네."

"응."

"하지만 모르는 사이에 성장한 거야, 너희도."

내 말에 아들이 '당연하잖아.'라고 말하는 듯한 얼굴로 언뜻 나를 보았다.

이미 식상할 대로 식상한 말일지 모르지만, 미래는 저 아이들의 손에 달려 있다. 세상이 퇴행한다든가 세계가 끔찍한 방향으로 나아간다고 말하는 사람들이 있는데, 아이들을 너무 과소평가하는 것은 아닐까.

다시,
어디에선가

영국 학교에서는 학기의 한복판에 '하프 텀half term'이라고 하는 휴일을 일주일 정도 준다. '정도'라고 표현한 이유는 일주일이 아닌 경우도 있기 때문이다. 지방자치단체에 따라 휴일의 일수가 다르다. 예를 들어 내가 살고 있는 브라이턴 앤드 호브Brighton and Hove°에서는 올 가을 하프 텀이 2주였다.

휴일이 꽤 길었기 때문에 아들에게 무언가 하고 싶은 게 없느냐고 물어보았더니, 동네의 수영 교실을 다니고 싶다고 했다. 그곳에선 하프 텀 동안 일대일 수업을 받을 수 있다는

° 잉글랜드 남부 이스트서식스주에 위치한 도시이자 단일 자치구. 중심 도시는 브라이턴이다.

것이다. 그렇게까지 운동을 즐기는 아이는 아니지만, 규슈의 할아버지에게서 직접 훈련을 받은 덕에 수영만은 잘했다. 지난번 중학교 수영 대회에서 동메달을 받은 것이 무척 기뻤는지 남몰래 다음 대회에서 금메달을 노리는 것 같았다.

그런고로 하프 텀 내내 나는 매일 수영 교실에 따라가 특별훈련을 받는 아들의 모습을 2층 관람석에서 내려다보았다. 그런데 둘째 주 월요일 아침은 그 전주와 상황이 좀 달랐다. 수영장을 이등분해서 한쪽은 일대일 수업을 받는 아이들이 쓰고, 다른 쪽은 중학생 같은데 수영을 엄청나게 잘하는 여자아이들이 사용했다.

2층 관람석에도 보호자들이 늘어났다. 여자아이들의 보호자인 것 같은 사람들이 의자에 앉아 있었다. 영어 발음과 옷차림 등에서 누가 봐도 중상류층다운 분위기가 풍겼다. 다들 서로 아는 사이인 듯 "지난주에는 뉴욕에 다녀왔어."라든가 "우리는 몰디브." 같은 우아하기 그지없는 대화를 나누었다. 왠지 나만 붕 뜬 것 같았는데 수영 교실 스태프가 설명을 해주러 왔다.

스태프가 이번 주에는 근처의 사립 여자학교 수영 팀이 수영장의 절반을 사용한다고 했다. 그 학교의 수영장에서 문제가 발견되어 수리하는 동안 쓸 수 없게 되었기 때문에 급하게 이 수영장을 절반 빌렸다는 것이다. "지난주에 비해 수영장이 좀 좁지만 모쪼록 양해해주세요." 하고 스태프가 이야기했다.

어쩐지 여자애들이 화려하게 수영한다 싶었다. 명문 사립학교의 수영 팀이었던 것이다. 지난번 수영 대회에서도 각 학년별 경주에서 거의 1위를 독점한 학교다.

한동안 중학교 수영 엘리트들의 실력을 감상했는데 그중 유독 빠른 소녀가 눈에 띄었다. 기다란 팔을 거침없이 수면 밖으로 꺼냈다 다시 물속으로 찔러 넣는 동작이 마치 날갯짓처럼 경쾌해서 물보라도 거의 일지 않았다. 총알처럼 나아가는데도 자세는 슬로모션으로 착각할 만큼 우아해서 수영이라기보다 발레를 보는 듯한 아름다움이 느껴졌다.

레인 끝에 도착한 여자아이는 수면으로 얼굴을 내밀고는 고글을 머리 위로 올리고 풀 사이드에 서 있는 코치의 이야기를 경청했다. 그 아이가 이쪽으로 빙글 돌아섰을 때, 나는 낯익은 조그만 갈색 얼굴에 순간 움찔했다.

솔란지, 아니 리애나다. 몇 개월 전 중학교 대항 수영 대회에서 보았던, 얼굴은 비욘세의 동생 솔란지를 닮았지만 리애나라고 불렸던 그 아이 같았다. 잘 생각해보니 당시 그 애는 대회 뒤에 명문 사립학교의 교복을 입고 수영장 밖으로 나왔었다. 리애나가 금발 백인 여성과 함께 차를 타고 떠나가는 모습을 나는 아들과 함께 시민 수영장 앞에서 목격했다.

그때의 금발 여성도 여기에 왔나 싶어서 관람석을 둘러보았는데, 과장이 아니라 온통 금발에 옷차림이 비슷한 중년 백인 여성뿐이라 누가 리애나의 보호자인지 알 수 없었다.

리애나. 내가 보육사 자격증을 취득한 곳이자 (멋대로) 밑바닥 어린이집이라 부르는 곳에 다녔던 작은 여자아이의 이름이다.

처음 만났을 때 리애나는 두 살이었다. 어째서 리애나를 유독 선명히 기억하느냐면 발군으로 힘이 세고 난폭한 아이였기 때문이다. 다른 아이가 가지고 있는 장난감이나 그림책에 흥미가 생기면 주먹으로 힘껏 치든 발로 옆구리를 차든 해서 반드시 빼앗고, 보육사가 자기보다 작은 아기만 신경 쓰면 이제 겨우 설 수 있는 한 살짜리의 머리를 수조에 푹 담그거나 고사리 같은 아기의 손등에 연필을 꽂아버리는 매우 포악한 아이였다. 나는 혼자서 몰래 리애나를 어린이집의 야쿠자라고 불렀을 정도다.

몸 여기저기에 문신을 하고 얼굴에도 반짝이는 피어싱을 여러 군데 한 리애나의 엄마는 비쩍 마른 젊은 백인 여성으로 뺨에 커다란 흉터가 있었다. 소문으로는 교도소에 들어간 남편이 칼로 벤 자국이라고 했다. 자메이카 출신이라는 리애나의 아빠는 가정 폭력으로 체포되어 복역 중이었는데 그전에도 상해죄 때문에 교도소에 들락날락한 모양으로 분노조절장애가 있는 것 같았다.

집에서 폭력 현장을 자주 목격하며 자란 탓인지 리애나는 폭력을 전혀 터부로 여기지 않았다.

'여기까지는 괜찮지만 더 이상은 안 돼.'라는 한도도 전혀 몰랐다. 그래서 어린이집에서는 늘 보육사 한 명이 전담하여 리애나가 다른 아이나 자기 자신을 상처 입히지 않는지 살펴봤다. 나는 당시 보육사 자격을 취득하기 위한 과정을 수강하면서 특수한 상황에 놓인 아이들의 보육에 특히 관심이 많았기 때문에 곧잘 리애나를 담당하곤 했다.

리애나는 키가 컸고 신체 능력도 발달하여 나이 많은 아이들보다 빨리 달리고 높이 뛸 수 있었다. 그래서 그 작았던 두 살 여자아이가 열두 살이 된 지금 붉은 로프로 나뉜 수영장에서 인어처럼 수영하고 있는 건지도 몰랐다.

저 리애나가 그때의 리애나인지는 확실하지 않았다. 무엇보다 지금 저기서 수영하는 여자애가 내가 몇 달 전 수영 대회에서 본 아이와 동일 인물인지조차 알 수 없었다. 겉모습이 닮은 아이가 같은 학교에 다닐 수도 있으니까.

조바심을 억누르면서 나는 새처럼 목이 긴 소녀가 수영하는 모습을 바라보았다. 어떡해야 저 아이가 그때의 리애나인지 확인할 수 있을까? 하지만 알아낸다고 한들 나는 무얼 하고 싶은 걸까?

안전기지를 갖지 못한 아이

이튿날의 일이다. 수영 교실에 가려고 아들과 함께 평소대로 버스정류장에 서 있는데, 한 소년이 언덕을 내려오는 것이 보였다. 멀리서 봐도 옷차림이 눈에 띄었다. 당장이라도 흘러내릴 정도로 내려 입은 헐렁헐렁한 스톤 워시stone wash° 청바지에는 짤랑거리는 체인이 몇 줄씩 달려 있었다. 10월 말이라 꽤 쌀쌀함에도 맨살에 소매 없는 가죽조끼만 걸쳤는데, 그 옷에도 빽빽하게 은색 리벳이 붙어 있었다.

소년이 가까이 다가오자 코와 턱 부근에 피어싱한 장신구들이 보였다. 복장에 비해서 아직 앳된 얼굴이었다. 소년은 버스정류장에 멈춰 서더니 아들을 곁눈질로 계속 보았다.

아들이 고집스럽게 시선을 피하며 소년을 보려 하지 않기에 같은 학교의 아이일 것이라고 짐작했다. 버스가 와서 올라

° 청바지를 천연 광석이나 인공 연마제 등과 함께
세탁기에 넣고 빨아 일부러 표면을 마모시키는
가공법.

탄 다음에도 아들은 입을 꾹 다물고 있었다. 소년이 버스에서 내려 갈 길을 가자 겨우 안도한 듯이 입을 열었다.

"나랑 같은 학년이야."

"어? 진짜? 너보다 나이 많은 줄 알았어. 열네 살 정도로 보이던데."

"집이 가깝다는 소문은 들었는데 설마 같은 버스정류장에서 탈 줄은 몰랐어."

가을 햇볕 아래 체인과 리벳을 반짝이며 거리를 가로지르는 소년의 뒷모습을 아들은 창문 너머로 지그시 바라보았다.

"왜 쟤를 보고 그렇게 굳은 거야?"

내가 묻자 아들이 답했다.

"엄청 폭력적이고 위험한 애로 유명하거든. 9월에 전학을 왔는데, 포스터 패밀리foster family가 바뀌어서 학교도 옮겼대. 전에는 옆 도시에 살았던 거 같아."

포스터 패밀리란 위탁 가정을 뜻한다. 다시 말해 저 소년은 모종의 사정으로 복지과의 보호를 받으며 위탁 가정에 맡겨진 것이다. 그리고 또 모종의 사정으로 위탁 부모가 바뀌어서 이 동네로 이사를 온 것이다.

"갓난아기일 때 종이 박스에 담겨 길가에 버려져 있었대."

"뭐? 누가 그런 말을 했어?"

"자기가."

"…그래."

"거의 매년 포스터 패밀리가 바뀌었나 봐. 다들 우리 학교
에서도 금방 떠나는 거 아니냐고 말하고 있어."

차림새는 저래도 아직 열두 살짜리 어린아이다. 저 나이가
되도록 몇 번씩 위탁 부모가 바뀌었다는 말은 초등학생 때부
터 안정적인 가정에서 지내지 못했다는 뜻이다.

아이들에게 있어 양육자란 밖에 있다가도 언제든 돌아갈
수 있는 안정적인 마음의 기지와 같은 존재다. 미국의 심리
학자 메리 에인스워스Mary Ainsworth는 그런 존재를 '안전기지'
secure base라고 불렀다.

밑바닥 어린이집의 책임자였던 나의 스승 애니는 곧잘 이
렇게 말했다.

"안전기지를 갖지 못한 채 성장한 사람은 어떡해야 자신이
안전기지가 될 수 있는지 모르기 때문에 육아를 힘겨워한다."

실제로 내가 일했던 어린이집에도 담당 사회복지사가 있
는 아이는 그 부모 역시 복지과의 보호를 받으며 시설이나 위
탁 가정에서 성장한 경우가 제법 있었다. 그들은 대체로 자신
이 갓난아이일 때 버려졌다고 말했다. 실은 그렇지 않다고 해
도 그런 것으로 해두려 했다.

"아까 걔는 툭하면 폭력을 휘두르거나 수업을 땡땡이쳐서 자습실 아니면 학생 상담실에 불려 갈 때가 많아. 거의 교실에서 수업을 받지 않으니까 아직도 별로 우리 학교 아이라는 느낌이 들지는 않아."

아들은 그 소년의 이야기를 계속했다.

"친구는 있어?"

"있으면 저렇게 혼자 다니지 않을걸? 게다가 거의 교실에 없으니까 친구 사귀기도 어려울 수밖에 없고."

그렇게 말한 아들이 뭔가 떠오른 듯 덧붙였다.

"아, 그러고 보니까 파이가 있어. 미스터 파이랑 사이가 좋은 것 같아."

"미스터 파이?"

"응, 상담실에 학교에서 기르는 개가 있다고 했던 거 기억나? 그 개의 이름이 파이야."

들은 적이 있다. 아들네 학교에서는 개를 이용한 치료법을 도입했는데, 문제 행동이 많은 학생에게 개와 접할 기회를 주어 나아지게끔 하고 있다는 것이다. 몇 년 전부터 효과를 거두고 있다고 했다. 졸업생들도 만나러 온다는 파이는 학교의 명물이다.

"얼마 전 과학 시간에 창밖을 봤는데 쟤가 파이랑 공으로

놓고 있었어. 나중에는 왠지 교장 선생님도 바깥으로 나와서 같이 뛰어다니긴 했는데."

젊은 척하며 넥타이를 풀고 달려 나오는 교장의 모습이 눈앞에 생생하게 떠올랐다.

저런 아이에게 마음 쓰는 어른이 있는가 하면, 신경 쓰지 않는 어른이나 아예 쳐다보지 않는 어른도 있다.

조금이라도 오래, 가능하다면 졸업할 때까지 저 소년이 아들네 학교를 다닐 수 있길.

파이 같은 개가 있는 학교도, 같이 뛰어다니는 교장이 있는 학교도, 좀처럼 없을 테니까.

리애나를 찾아서

그 뒤로 며칠 동안 나는 2층 관람석에서 수영장을 내려다보면서 주위에 있는 보호자들의 대화에 귀를 기울였다. 하지만 결국 누가 '솔란지를 닮은 리애나'의 보호자인지는 알아내지 못했다. 실은 그 아이가 내가 몇 달 전에 본 아이와 동일 인물인지 아닌지도 알 수 없었다. 갈수록 나도 관심이 식어서 가져간 책을 읽거나 노트북으로 일을 하게 되었다.

그 일은 마지막 날인 금요일에 일어났다. 비어 있던 옆자리에 기다란 금발을 가지런히 뒤로 묶고 캐시미어인 듯한 스웨터를 입은 중년 여성이 앉았다. 인디고블루의 폭이 좁은 청바지에 롱부츠를 신어서 그대로 승마를 해도 될 법한 스타일이었다.

"아, 죄송해요. 깜빡 묻지 않았는데, 이 자리 비어 있나요?"

중년 여성은 자리에 앉은 뒤에 나에게 물었다.

"물론 비어 있어요. 누구 자리도 아니니까 앉으세요."

내가 답하자 그녀는 싱긋 웃으며 "고마워요." 하고는 앞쪽의 유리 너머로 수영장을 내려다보았다. 출발대에 올라서려던 여자아이 중 한 명이 이쪽을 보고 웃으면서 손을 흔들었다. 옆자리의 여성도 손을 흔들어주었다.

가슴이 철렁했다. 수영장에서 손을 흔드는 갈색 피부의 소녀가 '그 아이'였기 때문이다.

이 사람이 보호자구나. 저 아이가 내가 아는 리애나인지 아닌지는 모르지만, 이쪽을 향해 손을 흔들며 웃는 얼굴은 틀림없이 수영 대회에서 보았던 아이와 동일 인물이었다.

소녀는 그대로 출발대에 올라서더니 한눈에 반할 정도로 아름다운 곡선을 그리며 물에 뛰어들었다. 그 입수를 바라본 옆자리 여성은 핸드백에서 바스락거리며 휴대전화를 꺼내 무언가를 확인하기 시작했다. 슬쩍 훔쳐본 휴대전화의 바탕 화면은 중년 여성과 소녀가 나란히 서서 웃는 사진이었다.

무언가 말을 걸어야 해, 이 사람이랑 얘기해봐야 해. 마음이 초조했다. 지금 여기서 대화하지 않으면 저 아이가 '그 리애나'인지 영원히 모를 것이다.

"아드님은 계속 이 수영 교실을 다녔나요?"

왠지 옆자리 여성이 먼저 말을 거는 바람에 나는 기선을 제압당한 채 동요하며 답했다.

"어? 아, 아뇨. 저희 애는 평소에 시에서 하는 수영 교실을 다니는데, 하프 텀 동안에만 여기로 왔어요."

"그렇군요. 어린데도 수영을 굉장히 잘해서 계속 여기에서 배웠나 보다 생각했어요."

중년 여성은 그렇게 말하고는 부드럽게 미소 지었다. 그렇구나. 동양인 보호자는 나밖에 없고 수영장에 있는 아이들 중에도 동양인은 우리 집 아이밖에 없으니까 관람석에 있는 사람들은 모두들 아무 말 안 해도 우리가 모자 사이라고 아는 것이다. 그와 대조적으로 이 중산층 부인과 저 소녀를 단번에 모녀 사이라고 알아볼 사람은 거의 없을 게 분명하다.

"아뇨, 우리 아들이 어려 보이기는 해도 실은 벌써 열두 살에 중학생이에요. 9월에 8학년이 되었어요."

내 말에 옆자리 여성이 눈을 빛냈다.

"어머, 그러면 우리 리애나랑 동갑이군요. 저 애도 8학년이에요. 키가 크고 어른스러워서 더 나이가 많은 줄 알지만요."

리애나, 역시 그렇게 말했다. '우리 딸'이라고는 하지 않았다. 보통 위탁 부모는 맡고 있는 아이를 이름으로 부른다.

"사립학교의 클럽은 본격적이네요. 코치도 엄격한 게 공립학교랑은 전혀 다르구나 생각하면서 봤어요."

내 말에 그녀가 동의했다.

"여기저기서 열리는 대회에 참가하기도 하고, 합숙도 하고, 주말에도 연습이나 대회가 많아서 가족여행을 계획하기도 힘들어요. 우리 리애나는 댄스와 미술 클럽에도 소속되어 있어서 특히 바쁘고요."

"정말 바쁠 것 같네요. 하지만 10대 때 이것저것 해볼 수 있는 건 좋은 일이에요. 자신이 좋아하는 걸 찾을 수 있으니까요."

별것 아닌 잡담처럼 가볍게 말했는데, 옆자리 여성은 진지한 표정을 지으며 말했다.

"맞아요, 하지만 리애나는 벌써 결정한 모양이에요. 저 아이는 스포츠를 좋아하지만 가장 좋아하는 건 미술이에요. 그림을 그리거나 사진 찍는 걸 무척 좋아하고 재능도 뛰어나요."

이번에도 뭔가가 걸렸다. 자신의 아이라면 "재능도 뛰어나요." 같은 말을 저렇게 가볍게 입에 담을 수는 없다. 나는 이미 내가 알던 '그 아이'에 대해 떠올리고 있었다.

만들기 놀이 시간, 빈 종이상자로 보물상자를 만들어보라고 했다. 홀로 싹둑싹둑 가위로 상자를 자르더니 둥글게 말아서 망원경처럼 만들고는 "교도소에 있는 아빠가 보여."라고 말하던 리애나. "그럼 리애나의 보물은 아빠야?"라고 내가 묻자 리애나는 꾸벅 고개를 끄덕였다. 그러고는 분홍, 노랑 같은 물감을 화려하게 망원경에 칠하고 금실, 은실에 날개까지 장식해서 두 살 아이가 만들었다고 믿기지 않는 컬러풀한 역작을 완성했다. 하지만 리애나를 데리러 온 엄마는 그 역작을 건네받더니 화장실 쓰레기통에 버렸다.

"교도소에 있는 아빠가 내 보물."이라고 딸이 말하면, 그 남자에게 살해당할 뻔한 엄마는 기분이 어떨까. 쓰레기통을 들여다보고 뭐라 표현할 수 없는 기분에 휩싸였지만 종이기저귀, 휴지, 생리대 등에 둘러싸였는데도 어울리지 않게 화려하고 밝은 빛을 뿜내는 리애나의 망원경을 보고 있자니 왠지 웃음이 나왔다. 터무니없을 정도로 생명력이 넘치는 작품이었기 때문이다. 폭력적일 뿐 아니라 깜짝 놀랄 만큼 창조적인 아이. 스승 애니는 리애나에 대해 그렇게 말했었다.

"어렸을 때부터 계속 예술적인 걸 좋아했나요?"

나는 옆자리 여성에게 물어보았다.

"예, 늘 그림을 그리거나 뭔가를 만들었어요. 벌써 몇 년 전인데, 제 생일에 보물상자를 만들어주기도 했답니다."

나도 모르게 말문이 막혀버렸다.

"마분지로 만든 상자인데, 안쪽에 예쁜 벨벳을 깔아두었어요. 지금도 쓰고 있고요. 그런 물건은 뭐라고 할까, 감성적인 가치가 있어서 버릴 수 없잖아요. 제 보물이에요."

여성은 그렇게 말하고는 수영장을 내려다보며 미소 지었다. 따뜻할 것 같고, 행복해 보이는 사람이다. 우아한 자유형으로 수영하는 리애나는 저런 안전기지에서 성장한 것이다.

수개월 전 수영 대회에서 저 아이를 본 후, 어린이집에서 함께 일했던 친구에게 연락해 리애나에 대해 물어보았다. 친구의 말에 따르면 리애나는 어린이집 근처의 초등학교에 입학했지만, 엄마의 새로운 동거 상대가 또다시 폭력적인 사람이었고 엄마뿐 아니라 리애나에게도 손을 댔다고 한다. 결국 리애나는 복지과의 보호를 받으며 위탁 부모에게 맡겨졌다.

만약 저기서 수영하는 리애나가 그 리애나라면, 여기저기 위탁 부모를 전전하지 않았던 것이다. 사립학교를 다니는 것을 고려하면 이미 입양이 되었을 수도 있다.

'리애나에게는 행운이 있었나 봐요.'

이미 세상을 떠난 스승 애니에게도 전해주고 싶었다.

문득 수영장을 내려다보니 일대일 강습이 끝났는지 아들이 보이지 않았다. 이제부터는 사립학교 수영 클럽이 수영장을 독점하는지 스태프들이 수영장 중앙을 나누었던 로프를 걷어내고 있었다.

"얘기하는 사이에 아들 강습이 끝난 모양이에요. 슬슬 내려가야겠네요."

나는 그렇게 말하며 노트북을 덮고 가방에 넣었다.

"또 어디에선가 뵐게요."

옆자리 여성이 웃음을 띠고 말했다. 순간 왜 저런 말을 할까 생각했지만, 흔한 영어 인사 중 하나라는 걸 깨달았다.

"예, 꼭 어디에선가. 이야기할 수 있어서 정말 좋았어요."

나 역시 평범한 인사를 건넸다.

관람석에서 나와 계단을 내려갔는데, 아직 아들이 탈의실에서 나오기 전이었다. 유리창 너머로 수영장이 보였다. 리애나는 벤치에 앉아서 친구들과 이야기를 나누고 있었다. 피부색도 머리색도 얼굴 생김새도 달랐지만, 고개를 끄덕이는 동작이나 상대방의 눈을 바라보며 이야기를 듣는 버릇이 왠지 보호자인 중년 여성과 닮은 듯 온화하고 상냥해 보였다.

"왜 그래?"

탈의실에서 나온 아들이 어느새 내 옆에 서 있었다.

"아무렇지도 않은데."

"그런데 왜 울어? 무슨 일 있었어?"

"아무렇지 않다니까. 애들은 몰라도 되는 일이야."

"뭐야, 아이들에게는 '알 권리'가 있다고."

"우." 하며 야유하는 아들에게 말했다.

"이 세상에는 말할 필요가 없는 일도 있어."

아들은 살짝 어깨를 으쓱했다.

"뭐, 그렇다는 건 알아."

아들이 종종걸음으로 앞서가기 시작했다. 출입구의 문을
열자 초겨울의 차가운 바람이 불어왔다.

'늘 리애나한테 맞아서 울던 아들도 조금은 성장했어요.'

불현듯 고개를 들어 보니, 스승 애니의 눈동자처럼 푸른빛
을 머금은 회색 하늘이 우리를 조용히 내려다보고 있었다.

"아무리 맞아도 절대 포기하지 않으니 조금은 존경할 수
밖에 없네요."

텔레비전 뉴스에 출연한 평론가가 말했다.

테리사 메이Theresa May 총리가 EU 탈퇴를 둘러싼 협정안을
발표하자 장관들이 그 내용에 반발하여 차례차례 사임하고
보수당 의원들도 불신임안을 내세워 쿠데타를 일으키려 한
다는 보도가 줄을 잇는데도, 정작 총리 본인은 협정안 정리
를 완수하겠다고 하기 때문이다.° 텔레비전과 신문이 연일 그

°   메이 총리는 2019년 7월 총리직을 사임했고,
     보리스 존슨(Boris Johnson)이 그 뒤를 이었다

뉴스를 다루며 "오늘일까, 내일일까." 사임을 예상하는 와중에도 메이 총리가 계속해서 자리를 지키니, 그 모습에 마음이 움직여 정치가로서 실력은 둘째 치고 끈질김에는 감탄할 수밖에 없다고 말하는 사람들이 늘어나고 있다.

뉴스 평론가의 평을 듣고 나는 아들이 했던 말을 떠올렸다.

"아무리 괴롭힘을 당해도 절대 결석은 하지 않으니까 좀 대단한 것 같아."

친구를 평하며 했던 말이다.

앞서 말했듯 다니엘은 무척 잘생기고 노래와 연기를 모두 잘해서 웨스트엔드의 뮤지컬에 아역으로 선 적도 있는 눈에 띄는 소년이다. 그 덕에 입학했을 무렵에는 기세가 등등했다. 신입생들이 연기하는 뮤지컬 「알라딘」에서 주연을 맡았고 여자아이들의 인기를 독차지한 데다 성적도 좋은 편이라 선생님들의 총애를 받았다. 하지만 점점 상황이 변해갔다.

다니엘이 이따금씩 인종차별적이거나 여성차별적이거나 계급차별적인 발언을 내뱉었기 때문이다. 다른 말로 물정 모르는 아저씨처럼 위험한 말을 했기 때문이다. 오늘날 영국의 교육 현장에서는 다니엘 같은 아이를 대단히 문제시한다. 특히 이 나라에서는 EU 탈퇴 투표 이후 이민자 문제가 더욱 민감한 사안이 되었기 때문에 교사들도 전보다 눈에 불을 켜고 차별적 언동을 주시하고 있다.

"저 아이는 언행이 위험하니까 주의해서 살펴봅시다." 같은 합의가 교사들 사이에 이뤄졌을 것이라는 정도는 나도 보육사로서 일했기 때문에 짐작이 되었다. 그런데 어른들의 태도가 바뀐 것을 아이들은 귀신같이 눈치챈다. 다니엘이 '올바르지 않은 인간'이라 공인되었다고 생각한 아이들은 다니엘을 아무리 비난해도 괜찮은 대상으로 판단해서 대놓고 무시하거나 괴롭히기 시작했다.

물론 다니엘은 춤에 서투른 흑인 여자아이를 "춤도 더럽게 못 추는 정글의 원숭이"라고 비웃었다. 아들에 대해서도 친해지기 전에는 "눈이 쭉 찢어진 엄마가 있는 반동양인"이라고 말했다고 한다. 정치적 올바름이고 나발이고 알 게 뭐냐는 듯한 그 말들은 분명 너무하긴 했다. 하지만 간접적으로 조롱을 당한 나조차도 약간 슬픔을 느끼는 이유는 다니엘의 차별적인 말들이 딱할 정도로 낡아빠졌기 때문이다. 흑인과 정글을 관련짓는 것은 어번 뮤직urban music과 힙합을 쿨한 팝뮤직이라 여기는 오늘날 영국의 10대들에겐 없는 발상이다. "쭉 찢어진 눈"이라는 말은 엘리자베스 여왕의 남편 에든버러 공도 입 밖에 냈다가 미디어의 뭇매를 맞은 적이 있지만, 무려 1980년대의 일이다.

요즘 세상에 텔레비전 등 미디어에서 차별적 발언을 내보낼 리도 없고, EU 탈퇴 투표 이후 '시대에 뒤처져 배외주의에 치우친 사람들'로 치부되고 있는 노동자 계급도 그렇게까지 낡은 표현을 쓰지는 않는다. '쿨하지 않기' 때문이다.

그럼에도 열두 살 다니엘이 당당하게 '대체 언제 적 얘기야?' 싶은 것들을 입에 담는 이유는 아마도 주위에 그렇게 말하는 사람이 있기 때문일 것이다.

아들과 다니엘이 뮤지컬 「알라딘」에서 함께 연기한 날, 공연이 끝나고 아들이 옷을 갈아입고 나오길 기다리는데 다니엘의 부모님이 가까이에 있었다. 다니엘의 엄마는 생글생글 웃으며 인사를 건넸지만, 아빠는 조금 떨어진 자리에 서서 오물이라도 보는 듯한 눈으로 나를 바라보기만 했다.

영국에서 "헬로, 처음 봬요."라고 인사했는데 철저히 무시당한 경험은 한 번도 없다. 그래서 당시 다니엘의 아빠가 지은 표정이나 겉모습이 똑똑히 기억에 남았다. 장신에 코가 배우 에이드리언 브로디Adrien Brody와 닮은, 척 봐도 매우 진지할 것 같은 남성이었다. 헝가리에서 건너와 불과 몇 년 만에 자신의 레스토랑을 열었는데, 지금은 여행이나 미식 웹사이트에서 정하는 '브라이턴 맛집 톱 10' 등에 자주 올라갈 정도로 사업이 번성한다고 한다. 단기간에 성공한 이주민인 셈이다.

모친은 무척 싹싹했는데, 좋은 엄마이자 아내라는 분위기가 풍겼다. 마초에 진지하고 열심히 일해서 돈을 잘 버는 아버지와 아름답고 상냥한 전업주부 어머니. 현대 영국 서민의 사정을 고려해보면 '레트로하다'라는 감상이 드는 커플이었다.

"시대에 뒤처져서 '피시하지 않은 말'을 하는 건 잘못이지만, '시대에 뒤처졌다'는 이유로 괴롭히는 것도 문제 같아."

아들은 이렇게 말했다. 처음에는 너무나 차별적인 말을 하는 다니엘과 싸우기도 했지만 아들은 오래지 않아 다니엘과 사이가 좋아졌다. 그 뒤로 차별적인 말을 할 때마다 아들이 시끄럽게 잔소리를 해서 다니엘도 전처럼 노골적인 말은 하지 않게 되었다. 하지만 지금도 역시 '피시하지 않은 말'을 무심코 입 밖으로 낸다고 했다.

"SNS에 '오늘은 걔가 이런 말을 했어.'라고 누군가 쓰면 순식간에 퍼져서 촌스럽다든가 바보 같다고 제멋대로들 말해. 학교에서는 맘대로 사물함을 열어서 어지럽히기도 하고 체육복을 훔치기도 하고… 이제는 다니엘이랑 얘기하는 애도 없어."

"선생님들은 상황을 알고 있어?"

"응, 다니엘네 부모님이 몇 번이나 학교에 상담하러 왔어."

아들은 잠시 곰곰이 생각하더니 숨을 내쉬었다.

"어려운 일 같아. 사물함이나 체육복은 누가 했는지도 모르고, SNS에 심한 말을 쓴 것도 애초에 다니엘한테 문제가 있기 때문이라고 하면 맞는 말이긴 하니까. 다니엘이랑 말하지 않거나 무시하는 것도 개인의 취향이라고 하면 더 할 말이 없어."

아들과 친한 친구들 중에는 다니엘과 절교한 아이도 있다. 하지만 아들이나 (다니엘과 주먹싸움을 벌였던) 팀처럼 다니엘에게서 직접적으로 차별당해 서로 부딪쳤던 아이들은 친구로 남았다.

"다니엘한테 심한 말을 들은 흑인 아이나 언덕 위 공영단지에 사는 아이들은 다니엘을 괴롭히는 데 끼지 않았어. 괴롭히는 건 전부 아무 말도 듣지 않았고 아무 일도 당하지 않은 관계없는 애들이야. 그게 제일 기분 나빠."

아들이 말했다.

"…인간이란 패거리로 어울려서 타인을 괴롭히길 좋아하니까."

내가 말하자 아들은 스파게티를 먹던 손을 멈추고 똑바로 내 얼굴을 마주 보았다. 그러고는 전에는 거의 본 적 없는 불가사의한 표정으로 말했다.

"나는 인간이 타인을 괴롭히길 좋아한다고 생각하지 않아… 벌주는 걸 좋아하는 거야."

아무것도 문제 될 것 없어

어느 일요일, 아들이 다니엘과 함께 영화 「보헤미안 랩소디」를 보러 간다고 했다. 외출 준비를 하는 아들에게 배우자가 물었다.

"그거 부모가 같이 봐야 하는 영화 아냐?"

"아니, 12세 이상 관람 가니까 우리끼리도 볼 수 있어."

"그렇구나, 의외로 연령 제한이 느슨하네."

어쩐지 배우자가 울적해하는 것 같아서 왜 그러느냐 물어보니, 자기도 보고 싶다고 했다. 하지만 "엄마 아빠랑 같이 보면 창피해. 절대로 그러지 마."라고 아들이 거부한 탓에 풀이 죽은 것이었다.

결국 아이들을 차로 배웅하여 먼저 영화관으로 들여보낸 다음 나와 배우자는 주차장에 차를 대고 영화관에 가서 가능한 아이들과 멀리 떨어진 자리에 앉는다는, 번잡스러운 방법을 택하기로 했다.

퀸의 히트송들로 구성된 뮤지컬 「위 윌 록 유We Will Rock You」를 초등학생 때부터 매우 좋아한 아들은 다니엘과 차 안에서도 "그 노래를 연주하는 장면이 있을까?" "아, 그거 유튜브에서 예고편으로 봤어." 하며 즐겁게 이야기를 나눴다. 학교에서 괴롭힘을 당한다는 소식을 들어 걱정했지만, 다니엘은 아무렇지 않아 보였고 여전히 눈에 띄는 미소년이었다.

영화를 보고 나오면 어른들은 펍, 아이들은 버거킹에 갔다가 아이들이 집에 가겠다고 휴대전화 메시지를 보내면 함께 돌아가기로 했다. 하지만 배우자가 더는 귀찮으니까 다 같이 펍에 가자고 말을 꺼내자, 아들과 다니엘이 군말 없이 따라왔다. 중학생끼리 펍에 올 리는 없을 테니 부모와 함께 있어도 동급생에게 목격당할 일은 없다고 판단한 것 같았다. 쿨한가, 쿨하지 않은가. 저 아이들 또래에서는 그것이 전부다.

오늘날 영국의 펍은 요리 메뉴도 꽤 충실하다. 펍에서는 맥주와 땅콩만 준다고 상상했다면 꽤 놀랄 것이다. 영국인들의 (특히 젊은 층의) 음주량이 감소함에 따라 식사로 돈을 벌지 않으면 펍을 운영하기가 어렵기 때문이다. 이제는 레스토랑 못지않은 식사를 만드는 펍도 적지 않다.

버거킹과는 비교할 수 없는 고급 수제 햄버거처럼 갖가지 재료로 꽉 찬 거창한 햄버거를 먹으며 아들과 다니엘은 영화의 감상을 서로 이야기했다.

"라이브 에이드 장면 멋있더라."

"응, 진짜 콘서트를 보는 거 같았어."

"나는「위대한 쇼맨」보다 오늘 영화가 더 좋았어."

아들과 어울리는 아이들 중에는 LGBTQ의 Q, 즉 이성애 자인지 동성애자인지 아직 잘 모르겠다고 공언한 올리버가 있는데, 프레디 머큐리Freddie Mercury의 성적 지향도 다루는 이 영화를 두 사람은 어떻게 보았을까? 그러고 보니 다니엘이 태어난 헝가리에서는「빌리 엘리어트」가 동성애 선전 뮤지컬 이라며 공연이 취소되었지만,「보헤미안 랩소디」는 상영되고 있다. 문득 왜 이 영화는 허가했을까 하는 생각이 들었다. 프 레디 머큐리는 에이즈에 걸렸으니 동성애를 긍정적으로 선 전하는 것은 아니라고 판단했을까?

"너무 맛있었어요. 감사히 잘 먹었습니다."

햄버거를 다 먹은 다니엘이 말했다. 요즘에는 보기 드물게 예의가 바른 아이다.

"오늘 정말 재밌었어. 보고 싶은 영화였는데 같이 갈 사람 이 없었거든."

"나도 그래. 슈퍼 히어로나 액션 영화는 같이 보자는 애들 이 많은데."

그렇게 말한 아들이 한순간 당황한 표정을 지었다. 다니엘이 따돌림을 당하고 있음을 떠올렸을 것이다.

"하지만 이 영화나 「위대한 쇼맨」은 역시 너랑 같이 봐야 해. 다른 애들은 노래도 전혀 모르니까."

아들이 서둘러서 한마디 덧붙이자, 다니엘은 모양 좋게 입꼬리를 올리며 빙긋 웃었다.

이렇게 잘생기고, 성적도 좋고, 노래에 춤에 연기도 잘하고, 스타성으로 반짝거리는 아이인데, 학교에서 심한 괴롭힘을 당하고 있다니 믿기지 않았다.

학교는 부모와 상담한 뒤에도 괴롭힘에 제대로 대처하지 않는 것 같은데, 다니엘이 이렇게 반짝거리는 아이이기 때문일까. 괴롭힘을 당한다고 하면 대부분 약해 보이는 아이를 상상하겠지만, 현실은 꽤 다른 법이다.

"나도 너밖에 같이 갈 사람이 없었어. 가족이랑 가려고 해도 아버지가 이런 영화를 질색하거든."

그렇게 말하는 다니엘의 얼굴이 약간 어두워지는 듯했지만 금세 다시 반짝반짝 빛을 내는 얼굴로 돌아왔다.

"역사 숙제가 내일까지였나?"

"응, 난 어제 선생님한테 메일로 보냈어."

"헉, 나는 반도 안 했는데. 오늘 밤에 해야겠다."

돌아가는 차 안에서 퀸의 베스트 앨범을 틀어주자 두 아이 모두 속세의 번민 따위 잊은 양 몸을 흔들며 노래를 불렀다. '아직 어린애구나.' 이렇게 생각하며 운전석의 배우자를 보았는데, 이쪽도 핸들을 잡은 채 흠뻑 빠져 있었다.

「보헤미안 랩소디」에서 초반의 발라드가 끝난 다음 곡조가 돌변하여 머리를 흔들고 싶어지는 부분이 나올 때는 운전이 괜찮을까 매우 걱정되기도 했지만, 어쨌든 무사히 다니엘네 동네에 도착했다. 아치형의 커다란 창문이 있는 집들이 좌우로 늘어선 좁은 길로 들어서 언덕을 내려가는데 다니엘이 말했다.

"여기서 세워주세요."

우리 집처럼 잔뜩 낡은 공영주택과 달리 중산층의 멋들어진 저택 앞이었다.

"오늘은 정말 감사했습니다. 진짜 즐거웠어요."

이번에도 만점짜리 인사를 한 다니엘이 차에서 내렸다.

"내일 학교에서 봐."

아들의 말에 다니엘도 "응, 내일 봐."라며 웃었다. 그러고는 연기를 하듯이 양팔을 위로 들고 「보헤미안 랩소디」의 마지막 부분을 열창했다.

아무것도 문제 될 것 없어 Nothing really matters

내겐 정말 아무것도 문제 될 것 없다고 Nothing really

matters to me

달콤한 크림을 먹다 가시를 씹은 것처럼 익살스러운 목소리가 따끔하게 가슴을 찔렀다.

개성이 너무 강한 친구

"아, 진짜! 자꾸 이러면 안 된다니까!"

그로부터 며칠 뒤, 휴대전화를 들여다보던 아들이 거실 소파 위에서 이리저리 굴렀다.

"아, 정말! 하느님이 어떻게 좀 해줬으면 좋겠어."

"왜 그래?"

"이것 좀 봐."

아들이 내 코앞에 휴대전화를 들이밀었다. 느닷없이 다니엘의 얼굴을 클로즈업한 영상이 시작되었다. 다니엘은 주차장인지 어느 건물의 옥상인지 콘크리트가 훤히 드러난 회색 벽 앞에 다리를 아무렇게나 뻗고 앉아 있었다. 스스로 촬영한 것 같은데, 어느 각도에서 찍어야 자기 얼굴에 가장 멋있게 음영이 생기는지 알고 있는 게 분명했다. 대각선 방향에서 절묘한 각도로 촬영한 영상이었다.

높게 솟은 광대뼈 아래로 어렴풋이 그늘이 져 있었다. 다니엘은 열두 살이라고 믿기지 않는 표정을 지은 채 나른한 눈빛으로 렌즈를 곁눈질하며 담담하게 말하기 시작했다.

"나는 매력적인 소년을 알고 있었어. 꽤 오래전 이야기야. 고문과 고통에 시달린 끝에 소년은 항상 자포자기하게 되었어. 무자비한 낙인, 끔찍한 메시지, 모두 알고 있어. 문 너머에서 편지를 던지기도 했지. 도움을 요청했지만, 누구도 듣지 않았어."

나는 아들에게 물었다.

"다니엘이 스스로 생각한 말인가?"

"아마 괴롭힘을 없애는 시 중 하나 같아. 학교에서 이런 걸 읽게 하거든. 인터넷에서도 쉽게 찾을 수 있고."

나는 무엇보다 눈앞에서 재생되는 영상이 중학생이 스스로 찍어 SNS에 올린 것이라는 사실에 놀랐다. 마치 영화의 한 장면처럼 완성도가 높았다. 역시 다니엘이 연기 강습을 받는 데다 용모도 출중하기 때문일 것이다. 새삼 스타성이 남다른 아이라고 감탄했다.

"이런 걸 올리니까 괜히 더 괴롭힘이 심해지는 거야."

아들은 내 옆에서 골머리를 앓았다.

확실히 이 영상의 구도, 다니엘의 표정, 말투에서는 과잉된 나르시시즘이 느껴진다. 반사적으로 혐오감을 품는 아이도 있을 것이다. 하지만 사정을 아는 사람에게는 뭔가 찔리는 지점도 있지 않을까.

"이것만이 아니야. 지금까지 이런 영상을 몇 번이나 인스타그램에 올렸어. 영상이 괴롭힘의 연료가 되고 있는데, 본인은 전혀 몰라."

"아니, 그래도 이건 다니엘의 진심에서 우러난 외침 아냐?"

내 말에 아들은 다니엘이 올린 다른 영상도 보여주었다. 바닷가에서, 숲속에서, 예쁜 카페의 창가 자리에서 촬영한 영상이 차례차례 나타났다. 모든 영상에서 다니엘은 대각선 방향으로 드라마틱하고 잘생겨 보이게 스스로를 찍으며 나른하다는 듯이 괴롭힘을 없애는 시를 중얼거리듯 읊었다.

"아무리 그래도 이건 좀 심하지 않아?"

나도 모르게 할 말을 잃었는데, 탁자에 놓인 과자를 아작아작 먹던 배우자가 말했다.

"일부러 그러는 거 아냐?"

"뭐?"

"아까 시인지 뭔지 말할 때 자기 입으로 '자포자기하게 되었다.'라고 했잖아? 자포자기해서 '어차피 싫어할 거라면 너희들이 맘껏 싫어하게 해주겠어.' 이런 생각으로 올리는 거 아냐?"

배우자는 과자 봉지에 손을 넣어 땅콩을 찾으면서 계속 말했다.

"동정을 원해서 그러는 건 아니라고 생각하는데. 모두들 열 좀 받으라고 하는 거야. 하하하, 반항적이라서 좋네."

웃고 있는 배우자에게 아들이 말했다.

"만약 그렇다 해도 반격하면, 그만큼 상처가 늘어나. 반격하고 상처 입고, 또 그것 때문에 누굴 미워해서 반격하고 상처 입고, 또 미워해서 반격하고, 이런 일에 끝이 있긴 해?"

나는 '오, 뭔가 굉장히 심오한 일이 되었는걸.' 하고 생각했다. 저 두 사람은 반세기 가까이 나이 차이가 난다. EU 탈퇴 때문에 흔들리고 있는 영국에서는 탈퇴파가 많은 중장년층과 잔류파가 많은 10, 20대의 사고방식 차이가 계속 화제가 되고 있다. 우리 집에서도 마치 사회의 축소판 같은 대화가 펼쳐지는 것 아닌가.

EU에 반란을 일으킨 탈퇴파 세대를 향한 젊은 세대의 물음과 비슷한 아들의 질문에, '반역과 보복의 반복에 끝은 있는가?'라는 질문에, 배우자는 과연 어떻게 답할까?

숨죽이며 주목하는 우리에게 배우자가 한마디로 말했다.

"나도 몰라."

다니엘을 향한 괴롭힘은 '은근히' 끈질기게 계속되고 있다. '은근히'라 한 것은 폭행하거나 화장실에 가두는 등 구닥다리 방식이 아니라, SNS 같은 온라인 공간에서 비방과 중상모략을 하기 때문이다. 학교에서도 공공연하게 무시하거나 넌지시 따돌리기는 한다는데, 열두 살이나 열세 살쯤 되면 아이들도 꽤 교활해서 교사들에게 들킬 정도로 하지는 않는다.

다니엘은 그런 일을 겪으면서도 아들이 "반드시 출석하는 게 대단해."라고 평할 정도로 중학교 입학 이래 매 학기 빠짐없이 개근상을 받고 있다.

감기에 걸려 열이 올라도, 전날 밤 구토를 했어도, 매일 아침 꼭 학교에 간다. 다니엘의 부친은 "정신이 해이하니까 감기 따위에 걸리는 거야. 동네나 좀 뛰고 와."라고 하는 것 같았다. "감기에는 냉수마찰이 최고야." 이런 말은 아시아에나 있는 줄 알았는데 그렇지도 않았다.

그렇게 한결같이 등교해서 개근상을 받으면 괴롭히는 사람으로서는 재미가 없을지도 모른다. 그래서 더욱 괴롭히고 싶은 마음이 샘솟는, 사악한 순환이 되풀이되고 있는 건지도 모른다.

"확실하지는 않지만, 괴롭힘 때문에 결석하면 괴롭히는 애들한테 지는 셈이니까 절대 쉬지 못하게 하는 걸 수도 있어."

나는 누가 봐도 마초 같았던 다니엘의 아버지를 떠올리면서 말했다.

"이 일이 이기고 지는 문제야? 괴롭힘이란 게 싸움이야?"

"일방적으로 당하기보다는 싸움으로 하는 게 덜 굴욕적이라고 생각하지 않을까?"

내 말을 듣고 아들이 한숨을 내쉬었다.

"엄마도 그렇게 생각해?"

"아니, 나는 힘들면 쉬는 게 낫다고 생각하는데."

"그렇지… 나까지 학교를 쉴 수 없으니까 힘들어."

"그건 또 왜?"

내가 묻자 아들이 코를 흥 풀면서 답했다.

"내가 쉬면, 다니엘이 외톨이가 되잖아."

티슈를 구겨 쓰레기통에 넣으면서 아들이 중얼거렸다.

"개성이 너무 강한 친구를 사귀는 건 이래저래 큰일이야."

저쪽에 떨어져 앉아서 바스락바스락 신문을 넘기던 배우자가 말했다.

"몸이 튼튼해지니까 좋지 않아?"

그런 문제야? 아들은 그렇게 묻는 듯한 눈빛으로 아빠를 보았다.

이런 기세라면, 아들도 처음으로 개근상을 받을 수 있을지 모르겠다.

지금은
정체성 몸살 중

아들이 중학교에 입학하고 1년이 지나 8학년이 되자, 학교에서는 중국인 소년이 학생회장으로 선출되었다. 얼마 전 아들과 함께 슈퍼마켓에 장을 보러 갔는데, 키 큰 성룡으로 착각할 만큼 근육이 울퉁불퉁한 소년이 아들에게 손을 흔들면서 "하이."라고 웃으며 인사했다. 초가을이라 약간 쌀쌀했는데도 소년은 학교 체육복인 반팔 티셔츠에 트레이닝복 바지를 입고 있었다. 체형이 보기 좋은 역삼각형이었고 어깨와 팔뚝도 우람한 게 보통 수준이 아니었다.

"누구야?"라고 물어보니 아들이 "학생회장."이라고 알려주었다. 아들이 다니는 학교는 요즘 영국의 학교치고 백인 영국인이 많은 곳이기 때문에 그 답을 듣고는 솔직히 깜짝 놀랐다.

"아무래도 내가 입학했을 때부터 친근하게 느꼈나 봐. 복도에서 마주칠 때마다 웃으면서 '하이.'라고 말을 걸고 하이파이브를 하기도 해." 아들이 말했다.

"7학년 때 식당에서 줄을 서 있는데 내 앞에 새치기한 사람들이 있어서 속으로 화내고 있었거든? 그때 저 형이 뛰어와서 '어이, 거기가 아니잖아. 걔 뒤에 서.'라고 말해줬어. 왠지 구실이 있을 때마다 나를 신경 써주는 거 같아."

"흠, 그런 애가 있었구나."

형이나 누나가 있어 같은 중학교를 다니는 것도 아니고, 멀리 떨어진 가톨릭 초등학교를 다녔기 때문에 아들은 처음 입학했을 때만 해도 중학교에 아는 아이가 거의 없었다. 이래저래 복잡한 문제에 휘말리지는 않을까 걱정했는데, 본인이 늘 "학교 즐거워."라고 말해서 약간 신기하긴 했다. 나는 그날 처음으로 저렇게 아들을 챙겨주는 상급생이 있었다는 사실을 알았다.

"학생회장으로 뽑힐 정도니까 인기가 엄청 많겠네?"

"응, 성적도 좋나 봐. 운동도 잘하고, 선생님들이 신뢰한대. 교장 선생님은 아예 점심시간에 자주 학생회장이랑 밥 먹으면서 뭔가 상의하던데."

"진짜? 대단한 아이네."

"나중에 정치를 공부하고 싶대. 제러미 코빈Jeremy Corbyn°을 좋아하는지 노동당에 들어가고 싶다고 했어."

"그런 걸 어떻게 알아?"

"저번에 수업 끝나고 비가 엄청 많이 왔을 때 친구네 집에 잠깐 있었다고 했던 거 기억나?"

"응."

"실은 회장 형 부모님이 하는 중국집에 있었어. 홀딱 젖어서 걸어가는데, 자기 집에 들렀다 가라고 데려갔거든. 맛있는 춘권도 먹었고. 그날 들었던 얘기야."

"어디에 있는 중국집인데?"

"아빠가 자주 가는 꽃집 근처야."

백인투성이 학교에 중국인 학생회장이라는 것만 해도 드문 일인데 중국 음식점의 아들이라니. 옛날 말로 해서 '노동계급의 영웅Working Class Hero'이라고 불러야만 할 것 같다.

그러고 보니 아들네 학교가 대단히 거칠었던 시절 동네 공원은 꽤 위험한 곳이었는데, 깜빡하고 지나갈 때면 그 학교

° 　영국의 정치인으로 2015년부터 노동당 대표를
　맡고 있다.

아이들이 수풀 속에서 맥주를 마시거나 수상한 냄새가 나는 궐련을 피우면서 "니하오." 또는 "중국인은 춘권이나 튀겨."라면서 나를 조롱하곤 했다. 그래서 춘권을 파는 집의 아이가 아들네 학교의 학생회장으로 선출되었다는 소식을 듣고 나는 개인적으로 가슴이 뻥 뚫리는 것 같았다.

하지만 곧장 이런 생각이 들었다.

가슴이 뻥 뚫리는 것 같은 이 감정은 어디에서 비롯되었을까? 아니, 그것보다 이것은 대체 무슨 감정일까?

"그 중국집에는 남자애들만 세 명이래. 장남은 어딘가 북부에 있다고 했는데. 북부의 대학에 입학했다가 그대로 그곳에서 GP가 되었다고 하더라고."

집에 돌아와서 배우자에게 학생회장의 이야기를 했는데, 유독 그 중국집 사정을 자세히 알고 있었다. 꽃집에 할인하는 분재가 없는지 보러 갈 때마다 볶음국수를 포장해 오는데, 그러다 가게를 운영하는 학생회장의 엄마와 자주 잡담을 나눈 것 같았다. 배우자는 사교적인 사람이라 여기저기에 아는 사람이 많다.

GP란 지역 보건의, 즉 NHS국민보건서비스가 운영하는 진료소에서 근무하며 종합적인 진료를 보는 의사를 가리키는 말이다.

"둘째는 대학생이라고 했으니까. 그 학생회장은 셋째겠네.

전에 10대 아이가 가게 일을 거드는 걸 봤어. 키 크고 근육이 장난 아니지?"

"맞아, 맞아, 걔야."

"그런데 그 학교에서 중국인이 학생회장이라니 대단하네. 그런 일이 절대 없을 것 같은 학교였는데."

"응, 시대가 변했다는 게 실감되더라."

내 말을 듣고 배우자가 말했다.

"이래저래 반발이 있겠지."

"어?"

"절대 없을 것 같은 일이 그렇게 쉽게 일어날 리 없잖아."

확실히 그렇긴 하다. 내가 중학생들에게 "춘권 할매."라든가 "중국으로 돌아가."라는 말을 들은 게 5, 6년 전인데, 그런 인식이 몇 년 사이에 깨끗이 사라질 수는 없기 마련이다. 학생들의 아지트였던 공원은 애들이 숨어서 나쁜 짓을 하던 수풀을 깨끗이 깎았다. 정기적으로 경찰이 돌아보며, 교사와 보호자들이 조직한 순찰대도 가서 둘러보곤 한다. 그래서 지금은 부모가 아이를 데려가 놀 수 있는 평화로운 곳이 되었다. 하지만 사람의 내면에 있는 감정이나 의식은 공원의 수풀처럼 간단히 잘라버릴 수가 없다.

'드러내다'와 '존재하다'는 서로 다른 말이기 때문이다.

또 다른 노란 조끼

영국에서도 연일 텔레비전 뉴스와 신문이 프랑스의 '노란 조끼 시위'를 보도하고 있다.

시위대가 입고 있는 형광 노란색 조끼나 재킷을 영국에서는 '하이비즈(Hi-Vis, 고가시성을 뜻하는 high visibility를 줄인 말)'라고 부른다. 사람들의 눈에 띄지 않으면 위험해질 수 있는 일을 하는 사람들이 입는 작업복이다. 창고, 공장, 건설 현장, 역, 선로 등에서 일하는 사람을 비롯해 소방관이나 내 배우자 같은 덤프트럭 운전사 등도 착용한다.

노란 조끼에는 일반적으로 '육체노동자의 옷'이라는 이미지가 있다. 영국의 주택에는 현관에 신발장이 아니라 외투를 걸어놓는 옷걸이가 있는데, 거기에 형광 노란색 조끼나 재킷이 걸려 있으면 '아, 노동자의 집에 왔구나.' 하는 생각이 든다. 멀리 갈 것 없이 우리 집 현관 한쪽에도 배우자의 노란 외투와 내 노란 조끼가 걸려 있다. 보육사도 유아들을 공원에 데리고 갈 때는 착용해야 하기 때문이다. 그리고 거리에 나갈 때는 안전 확보를 위해 유아들에게도 형광 노란색 조끼를 입혀야 한다.

얼마 전 런던에 갈 일이 있었는데, 지하철역에 초등학교 저학년 아이들이 노란색 조끼를 입고 나란히 서 있었다.

"어? 저렇게 작은 애들도 노란 조끼를 입고 있어."

"시위는 파리에서 하는 거 아냐?"

갑자기 일본어가 귓속을 파고들어서 돌아보니 관광객인 듯한 여성 2인조가 내 뒤에서 걷고 있었다. 그 아이들은 시위와 아무런 상관이 없으며, 교사의 인솔에 따라 외출했을 뿐이었다.

영국에서는 오토바이나 말을 타는 경찰관도 노란색 재킷을 입고, 해가 일찍 지는 겨울이 되면 자전거를 탈 때 형광색 외투를 입는 사람도 늘어난다. 그런고로 도버 해협 건너편과 달리 이 나라에서는 아직 노란색 조끼가 시위나 폭동과 관련이 없다. 그런데 최근 아들 주위에서 일어난 엉뚱한 일 때문에 노란색 조끼가 정치적인 문제로 발전해버렸다.

12월이 되어 학교가 크리스마스 휴일을 손꼽아 기다리던 무렵이었다. 아들은 매년 열리는 음악부의 크리스마스 콘서트에 출연하기 때문에 날마다 방과 후에 음악실에서 열심히 기타를 연습했다. 그러던 어느 날, 연습을 마치고 친구와 함께 걸어서 귀가하던 아들 곁으로 노란색 조끼를 입은 사람이 자전거를 타고 다가왔다.

어두웠기 때문에 처음에는 못 알아봤지만, 그 사람은 등에 배달용 상자를 짊어진 학생회장이었다고 한다. 학생회장은 이따금씩 중국집의 배달 일을 도와준다고 했다. 그는 아들 옆에 자전거를 세우고 말했다.

"이렇게 늦게 집에 가는 거야?"

"크리스마스 콘서트 리허설이 늦게 끝났어요."

아들이 답하자 학생회장이 말했다.

"어두워지기 시작했으니까 밝은 큰길로 돌아가."

12월의 영국에서는 해가 오후 4시부터 지기 시작해 4시 반만 되도 깜깜해진다. 그 때문에 하급생이 걱정되었을 것이다.

"콘서트에서는 뭘 해?"

"저는 기타를 쳐요."

"너는?"

"드러머예요."

이렇게 세 사람이 이야기를 나누는데, 집에 돌아가던 음악부의 상급생 두 명이 아들 일행 뒤에서 다가왔다.

학생회장과 마찬가지로 최고 학년인 그들은 "하이."라며 인사했고, 그중 한 명이 스쳐 지나가다가 한마디를 더 했다.

"그 조끼 어울린다."

그러고는 아들 일행을 지나쳐 1, 2미터 정도 걸어갔는데, 다른 한 명이 돌아보고 큰 소리로 말했다.

"진짜 어울려. 뭐랄까, 샛노랗다!"

두 상급생은 재미있다는 듯 깔깔거리며 웃었다. 황인종이 노란색 조끼를 입은 걸 웃음거리 삼아 놀린 것이다.

학생회장은 자전거를 옆으로 팽개친 다음 소리쳤다.

"지금 뭐라고 했냐!"

학생회장은 두 상급생에게 달려들었다. "샛노랗다!"라고 놀린 소년에게 돌려 차기를 하려다 다리가 닿기 직전에 발차기를 멈췄다. 하지만 겁먹어서 피하려던 소년이 비틀거리다 발목을 접질리며 그 자리에 넘어졌다. 넘어진 소년은 발목을 붙잡고 "아파, 아파."라며 울먹였다.

다 같이 소년을 일으켜 세웠지만 절뚝거리는 바람에 결국 학생회장이 자전거 뒷자리에 태워서 집까지 바래다주었다.

문제는 그 뒤에 벌어졌다.

발목을 접질린 소년의 부모가 격노하여 학교에 항의한 것이다. 전교 학생의 대표인 학생회장이 폭력을 휘두르다니 있을 수 없는 일이라고 서슬 퍼렇게 화를 냈다는데, 교장이 직접 학생회장과 목격자들을 불러서 사정을 청취했다.

인종차별적인 발언이 있었던 것이 확인되었기 때문에 최

종적으로는 쌍방 책임이 인정되었다. 교장의 눈앞에서 학생회장과 "샛노랗다!"라고 말한 소년이 서로 사과하는 것으로 마무리되었다.

"학생회장은 어릴 적부터 무술을 했대. 돌려 차기를 하는 척했는데도 박력이 대단했어. 넘어진 형은 꼴사납게 겁먹은 꼴을 보여서 엄청 분했을 거야."

아들의 말을 듣고 배우자가 말했다.

"그래도 정말로 폭력을 휘두르려고 한 것도 아닌데 왜 조롱당한 쪽이 사과해야 하는 거야. 중국집 셋째는 그 녀석들한테 본때를 보여주려고 했을 뿐이잖아."

"그렇긴 하지만 이제는 그런 것도 해서는 안 돼. 폭력적인 위협이었던 건 사실이니까. 게다가 그 일 때문에 상대방이 발목도 삐었잖아."

내가 반박했지만 배우자는 납득하지 못하는 것 같았다.

"애초에 이런 애들 싸움은 대단한 일도 아니잖아. 부모가 나서서 소란 피울 일이 아니라고. 오히려 바보 같은 소리를 한 자기 아이를 혼내고 그걸로 끝, 보통은 이래야 하는 거 아냐? 나는 영 석연치 않아."

"당신이 석연치 않은 건 상관없잖아."

배우자와 내가 그렇게 논쟁하는 모습을 아들은 한동안 멍하니 바라보았다. 무언가 하고 싶은 말이 있는 것 같았지만 잠자코 의자에서 일어나 자기 방으로 올라갔다.

내리지 않는 열은 없다

그로부터 며칠 동안, 아들은 학교에서 돌아오면 자기 방에 틀어박히기만 했다.

여느 때답지 않게 가라앉은 듯해서 신경 쓰이긴 했지만, 나도 일이 바빴기 때문에 아들도 중학생이니 이런저런 일이 많겠지 생각하며 그냥 놔두었다.

그러던 어느 날, 아들은 학교에서 돌아오자마자 자기 방 침대에 누워 담요를 뒤집어썼다. 혹시 어디 아픈 건지 걱정되어 말을 걸어보았다.

"왜 그래? 어디 아파?"

"응, 머리가 좀 아파."

"두통약 가져올까?"

내가 물어보자 아들은 담요를 내려 얼굴을 내민 다음 일어나 앉았다.

"아냐, 괜찮아."

얼굴이 빨개서 이마에 손을 대보았는데 열이 꽤 있었다.

거실에서 체온계를 가져와 침대에 앉아 있는 아들에게 건네주었다. 아들은 체온계를 겨드랑이에 끼우더니 침대 위를 손으로 툭툭 쳤다. 여기 앉아, 하는 신호다. 아이가 지금보다 훨씬 어릴 적에 그림책을 읽어달라거나 뭔가 원할 때마다 종종 하던 동작인데 최근에는 전혀 본 적이 없었다. 몸이 아파서 응석을 부리는 것이라 생각하고 아들이 가리킨 자리에 앉았다.

"잠깐 얘기할 시간 있어?"

"당연하지."

내가 답하자 아들이 이야기를 시작했다.

"저번에 학생회장 일 때문에 교장실에 갔다고 얘기한 거 기억하지?"

"응, 그러고 보니 그 뒤에 어떻게 됐어?"

"아니, 별다른 일은 없었는데…."

"발목 접질린 애는 괜찮아?"

"팔팔하게 잘 걸어."

"그래, 다행이네."

아들은 가만히 내 얼굴을 바라보다 말했다.

"엄마는 자기를 '오리엔탈oriental, 동양인'[o]이라고 생각하지?"

<hr />

[o]　동양의, 동양적인, 동양풍 등을 뜻하는 단어이지만 인종차별적인 용어로 간주되고 있다.

"응, '오리엔탈'이 맞으니까. 최근에는 이 말도 차별적이라 쓰지 말자고 하던데."

"그러면 다른 아시아 출신 사람들을 보면 역시 동료나 동포 같다고 느껴져?"

"동포처럼 거창하지는 않지만, 맞아, 친숙하게 느끼는 것 같아. 한국인이나 중국인은 그렇지. 상대방도 비슷하지 않을까? 처음 보는 사람이 말 거는 경우도 많거든. 뭐, 다들 처음에는 같은 나라 사람인가 궁금해서 그러는 거지만."

"흠… 그런 건가?"

아들의 겨드랑이에 끼워둔 체온계에서 삐, 삐, 하는 소리가 났다. 아들이 체온계를 빼서 나에게 주었다. 37.5도였다.

"열이 오르는 중일지도 모르겠는데. 약 먹어둘래?"

내가 물었지만 아들은 그런 건 상관없다는 듯이 말했다.

"저번에 집에 오다가 일어났던 일 있잖아. 실은… 나도 책임감을 좀 느끼고 있어."

"왜?"

"내가 거기 없었으면, 회장 형은 분명히 그런 짓을 하지 않았을 것 같아서."

"뭐?"

"평소에는 냉정하고 갑자기 그런 짓을 할 사람이 아냐. 그

형은 학교에서 늘 '힘든 일이나 싫은 일이 있으면 나한테 말
해.'라고 했는데, 바로 그때 그 일 같은 걸 말한 거잖아?"

아들은 담요 속에서 무릎을 껴안았다.

"솔직히 말해서, 샛노랗다는 말을 들었을 때 내 일이라고
생각하지 않았어. 아, 학생회장을 조롱한 거구나, 이렇게 생
각했지. 그런데 나중에 잘 돌이켜보니까 회장 형은 그 자리에
있었던 나도 함께 차별했다고 생각해서 그 상급생들을 쫓아
간 거 같아."

"아아."

"아니면 나한테 보여주고 싶었을 수도 있고. 같은 인종인
나한테 차별을 당하면 싸워야 한다고 말이야."

"응."

"하지만 솔직히 말해서 나는 그런 마음을 잘 모르겠어. 회
장이 늘 나를 챙겨주는 건 고맙지만, 나는 별로 스스로를 '오
리엔탈'이라고 생각하지 않는 것 같아. 잘 모르겠어."

그런 거였나. 이 아이는 소속 의식의 문제, 즉 자신의 정체
성 문제와 직면하며 사춘기의 지혜열°을 앓고 있는 중인지도
모른다.

"동료애가 지나쳐서 너무 무거워진 거구나."

"무겁다고 해야 하나… 어쨌든 그런 감정은 무척 강하다고

°　　생후 반년쯤 된 유아에게 일어나는 원인 불명의
　　　발열. 지혜가 생기기 시작할 무렵에 일어난다는
　　　이유로 이런 이름이 붙었다.

생각해. 도저히 따라갈 수 없달까. 나는 그런 마음이 들지 않거든."

"그래."

"나는 지금까지 부모님이 인종도 다르고 문화도 달라서 좋았어. 그 덕에 다른 애들은 절대로 못 가볼 일본 같은 나라에 매년 가고 있으니까. 외국에 가족이 있다니 멋있기도 하고. 하지만 나는 일본인이 아니잖아."

"…"

"저번 여름에 일본에 갔을 때 할아버지네 근처 식당에서 술 취한 아저씨가 시비를 걸었잖아. 그 사람은 내가 맘에 안 들었던 거지? 일본인이 아니니까 돌아가라고 한 거지?"

"아니, 그렇게 노골적으로 말하지는 않았는데… 그래, 대충 무슨 일인지는 알았구나."

"알 수밖에 없지. 그 아저씨, 계속 나만 봤고 화난 얼굴로 말했으니까."

아들은 그렇게 말하고는 턱까지 담요를 끌어당겼다.

"일본에서는 '가이진'이라고 하고, 여기서는 '칭크'라고 부르니까, 나는 어디에도 소속되지 않은 거야. 그래서 나에게도 어딘가에 소속되었다는 느낌이 없어."

"그래도 괜찮지 않아? 어디에도 소속되지 않는 게 더 자유롭잖아."

"맞는 말이지만 정말로 괜찮을까? 어딘가에 소속된 사람은 그렇지 않은 사람을 괴롭히기도 해. 그건 나쁜 점일 거야. 그런 반면 회장 형이 나한테 친절했던 것처럼 같이 소속된 동료를 특별히 지켜주기도 하는데, 그건 좋은 점이겠지. 그런데 어딘가에 소속되어 있다는 느낌이 없는 나한테는 괴롭힐 것도 지킬 것도 없어. 나쁜 점도, 좋은 점도, 없어."

아들이 지금 말한 것이야말로 내가 중국인 소년이 학생회장이 되었다는 소식을 듣고 느꼈던 '가슴이 뻥 뚫리는 기분'의 정체라는 생각이 들었다.

나는 이 동네에 살고 있는 동양인들에 대해 소속 의식을 가지고 있었던 것이다. 게다가 그들이 나와 비슷한 차별을 경험했을수록 무의식중에 그 '동료애'가 더욱 강해졌다.

인종차별은 타인을 불쾌하게 하거나 슬프게 하지만, 그게 전부가 아니다. '칭키' 또는 '니하오'라고 낙인이 찍혀서 차별당한 사람들이 자신은 특정한 그룹에 소속되어 있음을 느끼게 하고, 그렇게 분노나 동료애 같은 소속 의식을 강화함으로써 사회 분열까지 일으키는 것이다.

정체성의 막다른 길.

이따금씩 매우 심오한 이야기를 하는 근처의 펍 주인이 그런 말을 했던 게 떠올랐다. 펍 주인은 트럼프 대통령이 당선되었을 때 이렇게 말했다.

"힐러리 클린턴은 흑인들에게 가서 '당신들을 위한 정치를 하겠습니다.'라고 했어. 히스패닉들에게 가서도 '당신들을 위하겠습니다.'라고 했고. 여성들에게도, 동성애자들에게도 '당신을 위해'라고 말했어. 그런데 트럼프는 뭐라고 했어? '나는 미국을 위한 정치를 한다.'라고 했잖아. 어느 쪽이 더 포괄적으로 들릴까? 이렇게 얄궂은 얘기도 없을 거야."

나는 침대에 드러누운 아들에게 말했다.

"…엄청 어려운 문제가 맞아. 그런데 서로 다른 인종 사이에서 태어난 아이들은 모두 비슷한 걸 생각하지 않을까? 분명 한 번쯤은 정체성에 대해 고민할 거야."

내 말에 아들은 빨간 얼굴을 끄덕였다.

"그러려나? 응, 그럴 거 같아."

그날 밤, 아들의 열은 조금 더 올랐지만 이튿날 아침에는 깨끗이 내려갔다.

"힘들면 쉬어도 돼."라고 했지만 아들은 "괜찮아."라며 평소처럼 가방을 메고 현관으로 나섰다.

역시 지혜열이었을까.

아들만 겪는 일은 아닐 수도 있다. 어른들도 사회도, 지금 한창 '정체성 몸살'을 앓으며 지혜열이 오르는 중인지 모른다.

언덕 위에서 내려온 팀과 만나 즐겁게 이야기하며 걸어가는 아들의 모습이 창문으로 보였다.

동트지 않는 새벽은 없듯이, 내리지 않는 지혜열은 없다. 이렇게 믿고 싶다.

참을 수 없는
존재의 격차

어느 아침, 아들을 깨워서 학교에 갈 준비를 시키는데 밤새 덤프트럭을 운전한 배우자가 퇴근해서 돌아오자마자 나에게 말을 걸었다.

"이봐, 좀 신경 쓰이는 얘길 들었어. 당신은 분명히 충격받을 것 같은데…."

배우자가 좀처럼 본론을 꺼내지 않았다.

"무슨 얘긴데?"

내가 묻자 배우자는 우리 동네에 사는 열네 살 여자아이가 행방불명되었다고 알려주었다.

"왜⋯?"

나도 모르게 그렇게 말했는데, 배우자가 답했다.

"나도 몰라. 아무도 모르니까 신문에 나왔겠지."

나는 허둥지둥 태블릿 피시로 지방 신문사의 홈페이지를 보았다.

몰라보게 어른스러워진 여자아이의 얼굴 사진이 눈에 들어왔다. 기사에는 이틀 전부터 행방불명되었다고 쓰여 있었고, 마지막으로 지인이 목격한 여자아이의 옷차림과 머리 모양 등이 자세히 묘사되어 있었다.

그 여자아이는 사촌인 남자아이와 함께 아들과 같은 가톨릭 초등학교를 다녔다.

이 근처에서 가톨릭 초등학교를 다니는 건 그 아이들과 우리 집 아들뿐이었기 때문에 버스정류장에서 곧잘 마주치게 되었고, 얼마 지나지 않아 내가 세 아이를 모두 학교까지 데려다주게 되었다.

그 아이들은 엄마들이 자매 사이였는데, 나이 든 모친, 즉 아이들의 외할머니 집에서 함께 살았다. 둘 다 싱글맘으로 동네의 24시간 영업하는 슈퍼마켓에서 일했고, 번갈아서 아이들을 학교에 데려가는 것 같았다. 나는 어차피 아들을 학교에 데려다주면 그대로 어린이집에 출근했기 때문에 "하나를 데려가든 셋을 데려가든 똑같으니까 괜찮아요. 내가 매일 아침 한꺼번에 데려갈게요." 하는 식으로 정리가 되었다.

여자아이와 그 사촌은 같은 학년으로 남매처럼 자랐지만 성격은 전혀 달랐다. 남자아이는 굳이 나누자면 우리 집 아들과 비슷하게 그럭저럭 분별력이 있는 '착한 아이'였다. 한편 여자아이는 훨씬 조숙했고 격정적인 동시에 따뜻한 구석도 있는 반면, 일부러 위험한 짓을 하거나 어른을 시험하는 듯한 말을 해서 관심을 끌려고 들기도 했다. 점잖고 성격 좋은 소년과 좀 위태로운 분위기의 조숙한 소녀. 그런 두 아이가 갓 입학한 네 살짜리 아들의 손을 좌우에서 잡고 교문으로 들어서는 뒷모습은 보기만 해도 미소가 지어졌고 믿음직해 보이기도 했다.

두 아이가 아들보다 2년 먼저 초등학교를 졸업할 때까지 우리는 매일 아침 버스를 타고 함께 학교에 갔다. 졸업 후 두 아이는 가톨릭 초등학교 졸업생의 90퍼센트가 그러듯 가톨릭 중학교에 진학했다. 슈퍼마켓 계산대에서 일하는 엄마들과 종종 이야기를 나누곤 하는데, 남자아이는 친구도 잔뜩 사귀고 중학교 생활을 만끽하는 것 같았다. 하지만 여자아이는 중학교에 입학하고 얼마 지나지 않아 뭔가 문제를 일으킨 모양이었고 새로 사귄 친구들도 불량하다고 엄마가 푸념했던 것이 기억에 남아 있다.

여자아이의 사진을 보고 망연자실하는데, 아들이 "무슨 일이야?"라며 다가왔다.

상황을 설명하자 아들은 곧장 휴대전화를 꺼내더니 뭔가를 쓰기 시작했다.

"인스타그램에 사진을 올렸어."

"뭐?"

"행방불명된 사람이 생기면 다들 이렇게 해. 인스타그램에서 정보를 모으는 거야."

"자주 있어? 이런 일이?"

"가끔 있어. 대부분 여자애고. 남자 어른의 집에 같이 있었다든가 하는 경우가 많긴 해."

아직 얼굴은 초등학생 같은 아들이 말하니 위화감이 느껴졌지만, 신문에 실린 여자아이의 어른스러운 얼굴을 보면 그런 일이 일어날 수도 있을 것 같았다.

"가톨릭 중학교 아이들 사이에서는 이미 인스타그램으로 많이 퍼졌을 테니까 우리 학교 쪽에도 알리면 좋을 거야."

아들은 그렇게 말하고는 가방을 메고 현관으로 나갔다.

"범죄에 휘말린 게 아니어야 할 텐데." 배우자가 말했다.

"나이 많은 남자친구랑 노는 거라면 다행이지만…"

"아니, 이봐. 그러니까 그게 범죄 아니냐고."

배우자의 말에 내가 부적절한 말을 했음을 깨달았다. 하지만 부적절하다 한들 '노는 애'들이 많은 시골에서 성장한 나에게는 열네 살에 임신해서 열다섯 살에 엄마가 된 친구도 있다. 귀성했을 때 그 친구와 만난 적이 있는데, 이미 증손이 태어났다고 했다. (딸은 열일곱 살, 손녀는 스무 살에 엄마가 되었다고 한다. 친구는 "이제는 노는 애들의 출산 연령도 꽤 높아졌어." 라고 했다.) 내 친구는 열다섯 살에 낳은 딸의 아빠와 40년 넘게 살고 있는데, 지금은 동네 상점가의 명물 사모로 통하며 주민자치회 최초의 여성 회장이 되어 여성권한 증진에도 공헌하고 있다. 인생이란 살아보지 않으면 어떻게 될지 모르는 법이다.

교실 앞자리와 뒷자리의 격차

"행방불명된 게 이번이 처음이 아닌가 봐. 전에도 가끔씩 없어졌던 거 같아."

학교에서 돌아온 아들이 말했다.

인스타그램으로 정보를 모았다는데, "금방 돌아올 거야."라든가 "또 런던에 간 거 아냐?"라고 할 뿐 누구도 진심으로 걱정하지는 않는 눈치라고 했다.

나도 일하다가 불현듯 떠오르면 그 뒤에 뭔가 진전이 있는지 확인하러 가톨릭 중학교의 홈페이지를 살펴보곤 했다. 하지만 사립학교의 홈페이지로 착각할 만큼 기품 넘치게 디자인해 '명문교'다운 분위기가 가득한 홈페이지에는 아름다운 나무 아래를 우등생 같은 학생들이 웃으며 산책하는 사진이나, 올해 전국 학력 검사에서 거둔 눈부신 성과나, 어느 단체에서 우수학교 표창을 받았다는 소식만 있을 뿐이었다. 사라진 학생에 대한 언급은 한 줄도 없었다. 가톨릭 중학교의 트위터도 살펴보았지만 역시 아무 말도 없었다.

아예 그런 기사를 실을 자리가 없어 보였다. 가톨릭 중학교의 홈페이지와 트위터에는 타블로이드 신문에 실릴 법한 이야기가 이 세상에 존재한다는 사실조차 모르는 것 같은 높은 격조가 가득했다.

실은 2년 전 가톨릭 중학교에 견학을 갔을 때도 비슷한 느낌을 받았다. 견학이 허용된 교실은 애초에 지정되어 있었기 때문에 다른 교실을 보면 안 된다는 것을 알았지만, 그래도 조금 엿보고 싶은 것이 인지상정이다. 교실 뒷문에 뚫린 유리창으로 안을 슬쩍 들여다보았는데, 맨 뒤에 앉은 학생들은 당당하게 책상에 잡지를 펼쳐놓고 보거나 휴대전화를 만지작거리고 있었다.

자습인가 싶어서 앞문 유리창으로도 보았지만 분명히 교사가 있었다. 심지어 화이트보드에 긴 수식을 쓰고 설명하는 데 한창이었고, 앞쪽에 앉은 학생들은 맨 뒤와 정반대로 진지하게 교사의 설명을 들으며 노트에 필기를 했다.

앞쪽과 뒤쪽이 아예 다른 교실 같은 분위기였다. 이런 걸 교실 앞자리와 뒷자리의 격차라고 불러야 할까.

그런 교실은 하나뿐이 아니었다. 공립학교임에도 옥스브릿지에 진학하는 우수한 학생을 몇 명씩 배출하는 한편, 뒤처진 아이들은 육아 방치가 아닌 교육 방치에 놓인 것처럼 보였다. 저 거대한 학교에서 계속 성과를 올리려면 교사들이 교실 맨 뒤의 아이들에게 신경 쓸 여유가 없는 것이다.

그로부터 며칠 뒤 동네 중학교를 견학했는데, 각 교실 밖에 놓인 책상에서 교사와 학생 두세 명이 공부하고 있었다.

"왜 복도에서 공부를 하나요?"라고 물어보았더니, 수업에 집중하지 못하는 몇몇 학생들은 복도로 나가서 다른 교사에게 따로 교육을 받도록 시스템을 만들었다고 설명해주었다. "뒤처지는 아이들을 만들지 않는 것이 지금 저희 학교에서 가장 중요하게 여기는 주제입니다."

두 학교는 매우 대조적으로 보였다.

그 뒤에 우리 집 아들은 동네 중학교에 가겠노라 결정했다.

아들의 결단 때문에 가장 행복하지 못한 사람은 행방불명된 여자아이와 그 사촌의 엄마들이었다.

"7년이나 고생스럽게 버스로 학교에 데려다주었는데, 왜 이제 와서 애를 그렇게 불량한 학교에 보내는 거야?" 그들은 나에게 그렇게 물었다.

다른 학부모 친구들도 분명 비슷하게 생각했을 것이다. 하지만 그들은 "아, 그 학교도 좋더라." 혹은 "학교는 가까운 게 제일 좋아."라고 흠잡을 데 없는 말을 하며 상냥하게 '남의 일'로 치부했다. 그래서 그 자매 엄마들이 대놓고 내 결단에 다른 의견을 주니까 외려 약간 속이 시원하기도 했다.

그 자매는 이 공영주택지에서 태어나고 자랐다. 자신들이 '불량한 학교'라고 단칼에 말한 초등학교, 중학교를 다닌 동네 토박이다. 졸업 후 자매는 자신들의 어머니처럼 싱글맘이 되었고, 어린 시절과 똑같이 어머니의 집에서 살아갔다.

우연히 같은 해에 아기를 낳은 두 사람은 돈이 없으면 없는 대로, 허용되는 범위 내에서 최고의 교육을 아이들에게 주기로 마음먹었다. 자신들처럼 공영주택지에서 태어나 어른이 되어서도 공영주택지에서 살아가는 사람이 아니라, 좋은 학교에서 좋은 교육을 받아 높은 계급으로 올라설 수 있는 사람이 되도록 아이들을 키우는 게 부모의 사명이라고 믿었기 때문이다. 그래서 자매는 교구의 가톨릭교회에 꾸준히 다니며 세례를 받았고, 크리스마스와 부활절에는 빠짐없이 신부에게 위스키를 선물하는 등 세심하게 주의를 기울여서 무사히 아이들을 가톨릭 학교에 입학시켰다.

배우자의 가족이 독실한 가톨릭 신자라 어쩌다 보니 아이를 가톨릭 학교에 보낸 나 같은 사람과는 달리, 그들은 아이들이 태어났을 때부터 주도면밀하게 준비하여 오랫동안 노력한 끝에 아이들을 가톨릭 학교에 보냈던 것이다.

그래서인지 여자아이의 엄마는 분노에 찬 목소리로 나에게 말했다.

"어째서 그렇게 쓰레기 같은 학교에 보내려는 거야?"

"아니, 그래도 지금은 예전처럼 심하지는 않은 것 같아."

"하지만 우리 시에서 공립학교 1위는 계속 가톨릭 중학교야. 가톨릭 학교에 애를 보내고 싶어도 그러지 못하는 사람들이 수두룩한데, 왜 그렇게 멍청한 짓을 한 거야?"

"…그렇긴 한데 뭐라고 할까, 견학했을 때 가톨릭 학교에서는 열기가 보이지 않았어."

"불량한 애들이 많은 학교가 소란스러운 건 당연하잖아."

"아니, 그런 말이 아니라⋯."

학교는 사회를 비추는 거울이기 때문에 학생들 사이에는 항상 격차가 있을 수밖에 없다. 하지만 그 격차가 확대되는 걸 방치하는 장소에서는 무언가 열기가 느껴지지 않았다. 어둡고 경직되어서 새롭거나 즐거운 일이 일어날 것 같지 않았다.

그것은 이미 쇠퇴하기 시작한 증거라고 생각한다.

적어도 열한 살짜리 아이를 그렇게 시니컬한 장소에 보낼 필요는 없겠다는 느낌이 나에게는 들었다.

도망친 아이들의 도착지

시니컬이라고 했으니 말인데, 행방불명된 여자아이에 대한 아들의 태도 역시 놀라울 정도로 냉정했다. 5년 동안이나 함께 학교를 다녔던 사이이니 심각하게 걱정하지 않을까 예상했는데, 그러지 않았던 것이다.

"실종이랑 가출은 다르잖아. 다들 그 누나는 가출일 거라고 말하던데."

아마 SNS에서 "그 애는 어쩔 수 없어." 같은 의견이 모인 것 같았다. 전에도 가출한 적이 있기 때문에 학교에서 별다른 대응을 하지 않는 것일 수도 있다.

가출 청소년 보호지원단체인 레일웨이 칠드런Railway Children에 따르면 영국에서는 1년 동안 10만 명이 넘는 16세 이하 아이들이 행방불명되며, 이를 환산하면 5분마다 한 명씩 아이들이 집에서 사라지는 셈이라고 한다. 그 때문에 영국의 교육표준청에서는 학생이 행방불명되지 않도록 엄격한 가이드라인을 정하여 각 학교에 통지하며, 예방책을 마련하길 촉구하고 있다. 교육표준청은 앞서 말했듯 공립학교들을 정기적으로 감사하고 학교의 등급을 매기는 기관이다.

"실종된 학생이 있다고 인터넷에 퍼지면 학교의 등급이 떨어지니까 학교 홈페이지나 트위터에 아무 말이 없는 거야."

교복 재활용 부대의 일원인 한 엄마가 그렇게 말했다.

실종된 아이는 공영주택지에서 나고 자랐기 때문에 교복 재활용 부대 엄마들의 정기 회의에서도 화제에 올랐다.

"우리 애가 그 애랑 같은 어린이집에 다녔어."라든가 "우리 아들이 그 애의 사촌이랑 같은 축구 클럽이야."라는 사람도 있어서 역시 지역의 인적 네트워크는 아이들을 통해 연결된다는 것을 마음속 깊이 실감했다.

"5년 동안 그 아이와 매일 함께 버스로 등교했어요. 그래서 무척 걱정돼요. 벌써 2년이나 만나지 않았지만요."

내가 그렇게 말하자 다른 엄마가 말했다.

"그 애, 갑자기 비쩍 말랐었지. 통통한 엄마랑 반대로 원래 슬림했지만, 병적일 정도로 말라서 무슨 일이 있냐고 물어봤었어. 그랬더니 애 엄마가 '갑자기 겉모습에 신경 쓰기 시작해서 다이어트만 한다'고 푸념하더라고."

"나는 걔가 갑자기 화려하고 비싼 브랜드 옷을 입고 다니는 걸 봐서 어떻게 된 걸까 생각하긴 했어. 나쁜 일에 휘말린 게 아니면 좋을 텐데…"

다른 엄마도 말했다.

'나쁜 일'이란 영국 공영주택지의 사정을 고려해서 번역하면, '마약 사업'을 말하는 것이다.

바로 지난번 크리스마스를 앞두고서도 언덕 위의 고층 공영단지에서 10대 두 명이 흉기에 찔려서 중상을 입었다. 런던에서 10대의 흉기 범죄 급증이 중대한 사회문제로 대두되고 있는데, 수도에 한정된 현상은 아니다. 벌써 수년 전부터 지방 도시로도 확대되고 있다. 해안 도시인 브라이턴에는 마약을 원하는 수요가 많다. 그 때문에 마약 사업에 얽힌 10대 갱들의 싸움이 일상적으로 일어나고 있다.

갱들이 마약 운반책으로 써먹으려 하는 것이 공영주택지의 가난한 10대 초반 아이들이다. "이걸 가져가서 그 사람한테 주면 브랜드 운동화를 사줄게." 또는 "운반만 하면 50파운드를 줄게."라는 말을 따르다 보면 아이들은 어느새 갱의 일원이 되어 마약 판매에 빠져든다. 여자아이들은 마약을 운반하다 성폭력을 당하기도 하고, 매춘 조직에 팔려 가는 경우도 있다.

여자아이가 사라졌다는 소식을 들은 후 줄곧 내 머릿속에서 사이렌이 울리며 경고한 '최악의 경우'가 바로 그것이다.

"운반책만은 절대로 하면 안 된다고, 나이키 에어맥스랑 목숨 중 뭐가 더 중요한지 생각하라고 형이 말했어."

아들의 친구인 팀도 우리 집에 왔을 때 그렇게 말했다. 10대 갱의 영향력은 이미 우리 공영주택지에도 미치고 있었다.

해안가에 자리한 멋들어진 클럽에서 마약을 소비하는 중산층 젊은이들은 공영주택지의 아이들이 어떤 위험을 무릅쓰고 약을 조달하는지 알지 못한다.

2년 전 내가 가톨릭 중학교의 수업에서 보았던 풍경과도 비슷하다. 앞쪽의 사람들은 뒤쪽에서 무슨 일이 벌어지는지 알지 못하고 보려고 하지도 않는다.

정치가 부를 재분배하지 않기 때문에 마약 판매를 통해

중산층 청년에서 하층 청년에게로 부의 이전이 이뤄지는 것이라고 평하고는, 내심 재치 있게 말했다고 만족하는 지식인도 있다. 하지만 밑바닥의 재분배는 피로 얼룩져 있다. 이 풀뿌리의 재분배에서 피를 흘리는 쪽은 언제나 가난한 청년이며, 아이들이다.

슈퍼마켓에 갔다가 여자아이의 이모가 일하는 것을 보았다.

사라진 아이에 대한 소문이 아무리 무성해도 가족은 모습을 감출 수 없는 법이다. 생활은 계속되고, 돈도 계속 빠져나간다. 무슨 일이 벌어진다 해도 노동자는 돈을 벌지 않으면 살아갈 수 없는 것이다.

그 엄마의 계산대에 줄을 설까 했지만, 어떻게 말을 걸면 좋을까 고민이 되었다. '사라진 아이에 대해 물어야 할까? 묻지 말아야 할까?' 하며 혼자 끙끙 고민하는 사이에 그녀의 앞에 긴 줄이 생겨버려서 나는 옆 계산대에 섰다.

계산대에 서 있던 그녀는 이미 한참 전에 나에 대해 눈치채고 있었다. 내 쪽을 돌아보면서 "하이."라고 인사를 건네서 나도 "하이."라고 답했다. 역시 어떻게 말하면 좋을지 모르겠어서 나는 오른손으로 가볍게 주먹을 쥐고 내 가슴을 탁탁 두드려 보였다. 알고 있어, 걱정하고 있어, 이런 마음만이라도 전하고 싶었다. 동네 사람들이 죄다 모이는 곳에서 일하고 있으니, 이런저런 사람들이 수도 없이 같은 질문을 했을 게 틀림없다. 그녀가 똑같은 일을 한 번 더 겪게 하고 싶지는 않았다.

그녀는 소리 내지 않고 "고마워."라고 말하는 입 모양을 만들어 보였다. 몹시 지친 것 같았다. 자매가 서로의 아이들을 마치 쌍둥이처럼 키워왔던 것이다. 그중 한 명이 없어졌다고 생각하기만 해도 나까지 가슴이 에이는 듯했다.

눈 밑에 진한 다크서클이 생긴 그녀는 식품의 바코드를 기계로 슥슥 읽어내면서 담담하게 계산 작업을 계속했다. 나는 그녀에게 말없이 손을 흔들고 슈퍼마켓에서 나왔다. 여자아이가 사라지고 일주일이 지나려 했다.

이튿날, 지방 신문사 홈페이지에 새로운 기사가 등록되었다. 런던의 킹스크로스역 근처에서 여자아이를 목격한 사람이 있다는 것이었다. 사라졌을 때와 옷차림이 달라졌다고 하는데, 마지막으로 목격되었을 때와 같은 고급 브랜드의 분홍색 가방을 들고 있었다고 한다.

나는 지방 신문사 홈페이지를 보다 이미 브라이턴에서도 많은 10대들이 사라지고 있다는 데 깜짝 놀랐다. 레일웨이 칠드런의 자료를 보고 전국에서 얼마나 많은 아이들이 사라지는지 숫자는 알았지만, 우리 동네 역시 예외는 아니라는 것을 까마득히 잊고 있었다. 홈페이지에서 또다시 아는 얼굴을 발견했다가는 재기 불능이 될 듯하여 그만 보았다.

며칠 뒤, 학교에서 돌아온 아들이 말했다.

"오늘 아침에 학교로 걸어가다 버스정류장을 지나쳤는데, 그 누나 엄마가 있었어."

이야기를 들어보니, 사라진 여자아이의 엄마가 버스정류장에 홀로 앉아 있었다는 것이다.

"추운데 잠옷 차림에 외투도 안 입은 채 위스키 병을 쥐고 있었어. 팀이 '아침부터 알코올 중독 아줌마야?'라고 크게 말해서 '쉿!' 하고 조용히 시켰는데… 그분 울고 있는 것 같았어."

지방 신문사 홈페이지에 실린 여자아이의 기사에는 댓글이 달려 있었다.

"몇 번이나 실종됐던 애야. 지난주에도 '행방불명'이 되었다가 발견되었는데, 이번에 또 '행방불명'. 작년에도 그랬지." 이렇게 쓰여 있었다. 정말로 그 아이를 아는지, 아니면 사진을 보고 적당히 쓴 것인지는 알 수 없었다. 그 아래에 또 다른 댓글도 있었다.

"몇 번을 사라졌었든 상관없어. 저 애들은 위험에 노출되어 있어. 저 애들 대부분이 생활 속에 커다란 문제를 안고 있다고. 술을 마시고 약을 하고 나쁜 일에 휘말려서 성적 착취를 당하고 있어. 그러니까 이런 애들을 탓하는 건 그만두고 정보를 퍼뜨려야 해. 이 아이에게도 걱정하는 가족이 있을 테니까."

두 댓글에는 모두 '좋아요'가 두 개씩 붙어 있었다. 좋다니, 대체 무엇이 그렇게 좋다는 말인가.

2주 정도 지났을 무렵, 여자아이가 무사히 보호되었다는 소식을 지방 신문사 홈페이지가 전했다. 하지만 그 아이는 우리의 공영주택지로 돌아오지 않았다. 복지과가 여자아이를 가족들로부터 떼어내서 위탁 부모에게 맡긴 것이다. 물론 그런 사실은 신문에 실리지 않았다.

그 아이의 얼굴이 사라진 지방 신문사 홈페이지에는 또 다른 10대 초반 아이의 사진이 게재되었다.

브렉시트가 어떻다는 둥 EU가 어떻다는 둥, 커다랗고 화려한 뉴스의 헤드라인 훨씬 아래쪽에 작게 실린 아이들의 사진이 하나, 또 하나 계속해서 늘어나고 있다.

나는 옐로에 화이트에
약간 그린

　2019년 2월의 하프 텀이 시작되기 전날, 영국 각지에서 지구온난화 대책을 요구하는 학생들의 시위가 벌어졌다. 전국의 60개 장소에서 열렸으며 약 1만 5,000명이 참가했다고 BBC가 보도했다.

　2018년 여름에 기록적인 무더위와 큰 산불로 막대한 피해를 입은 스웨덴에서 열다섯 살 소녀 그레타 툰베리Greta Thunberg가 2주 동안 학교를 쉬고 (툰베리는 이를 '학교 파업school strike'이라고 불렀다.) 국회의사당 앞에서 1인 시위를 벌였는데,

이 일을 계기로 전 세계에 확산된 학생운동이 영국에서도 불붙은 것이다.

우리 고장 브라이턴은 영국에서 처음 녹색당 국회의원이 선출된 곳으로 환경문제에 관심을 기울이는 사람들이 많다. 이번 학생 시위도 유난히 대규모로 조직되었는데, 여기서 한 가지 문제가 드러났다.

지구온난화 대책을 요구하는 학생운동이 전 세계로 퍼져나갔다는 거시적인 문제를 말하려는 것은 아니다. 구 밑바닥 중학교 학생들이 부조리를 경험했다는, 매우 미시적인 문제다. 그런데 거시적인 것과 미시적인 것은 닭꼬치의 닭고기와 꼬치처럼 항상 연결되어야 한다. (고기 덩어리는 미시적인 것, 고기를 꿰뚫는 커다랗고 기다란 꼬치는 거시적인 것이라고 가정하면 말이다.)

그런고로 내 주변에 떨어진 닭고기를 한 조각씩 주워보겠다.

"우리 학교는 내일 시위에 참가하는 걸 허락하지 않겠대."

학생 시위 전날, 아들이 집에 들어오자마자 말했다. 아들의 이야기에 의하면 D 중학교와 V 중학교는 하프 텀이 시작되기 전날이니 오전 11시에 수업을 마쳐서 학생들이 시위에 참가할 수 있게끔 해준다고 한다. 하지만 아들네 중학교는 평소대로 오후 3시까지 수업을 한다는 것이다.

"또 어느 학교가 시위 참가를 허락했어?"

"사립학교는 대체로 허락했고, 공립학교 중에는 H 중학교도 있어."

아들의 말을 듣고 바로 깨달았다. 그 중학교들은 모두 학교 랭킹 상위에 자리한, 이른바 '우수학교'들이었다.

"상위권 공립학교나 사립학교 같은 중산층 학교는 교사들도 의식 수준이 높아서 녹색당 지지자가 많으니까 교사가 인솔해서 시위에 데려가는 거 아냐? 정치적 '그루밍grooming' 같은 거야."

배우자가 시니컬한 농담을 내뱉었다.

'그루밍'에는 여러 뜻이 있지만, 소아성애자가 성적 행위를 하기 위해서 인터넷 채팅 등을 이용해 어린아이를 포섭하는 행위를 뜻하기도 한다. 배우자는 교사들이 학생들을 시위에 데려가서 자신이 지지하는 녹색당의 정치 이념으로 물들이려는 게 아니냐고 빈정거린 것이다.

"그보다 애초에 운동을 시작한 아이는 '학교 파업'을 주장했잖아. 그런데 예의 바르게 선생님을 따라서 시위에 참가한다니, 그것도 좀 이상하지 않나."

내가 말하자 아들이 답했다.

"우리 학교에도 환경문제에 열심인 선생님은 많아. 하지만 교장 선생님이랑 학년주임 등이 회의를 해서 평소처럼 수업 하기로 결정했대."

나는 그 이유를 알 것 같았다.

"결국 선생님들이 우리를 믿지 않은 거라고 생각해. 오전 에 수업을 마치면 우리 학교 애들은 대부분 시위에 참가하지 않고 거리에 놀러 나가서 쓸데없는 짓이나 할 테고 괜히 문제 라도 일으키면 난처해지니까 평소처럼 수업을 하자고 결정한 거야."

안 봐도 뻔하다는 얼굴로 아들이 말했다.

밑바닥에 있던 중학교의 순위를 조금이라도 위로 올리기 위해 열의를 품고 학교를 운영하는 교장이 내린 결정이니, 아 들의 예상과 크게 다르지 않을 것이다. 이런 일로 학교의 나 쁜 평판이 퍼지기라도 했다가는 교장의 계획이 후퇴할 것이 기 때문이다.

더 깊게 생각해볼 수도 있다. 나는 아들네 학교의 교사 중 환경문제에 열성을 보이는 녹색당 지지자가 많다는 사실을 알고 있다. 외려 가난한 지역의 학교일수록 정치적 이념이 좌 측으로 치우친 교육자들이 많이 모인다는 것도 알고 있다. 하 지만 그들도 내심 학교에서 일찍 거리로 나간 학생들이 싸움이나 절도 등 문제를 일으키면 지구온난화 대책을 요구하는 진지한 학생 시위에 먹칠을 하게 될지 모르니 그건 막자고 생각하지 않았을까.

이렇게 해서 언론이 보도한 '지구온난화 대책을 요구하는 학생들의 대대적인 시위'에 참가하지 못한 아이들이 생겨났다. 누군가는 애초부터 '학교 파업'을 주장한 운동이니 시위에 참가하고 싶으면 자발적으로 학교를 땡땡이치면 된다고 말할 수도 있다. 하지만 영국의 빈곤층 아이들에게는 그럴 수조차 없는 특별한 사정이 있다.

시위 당일 아침, "시위에 참가하고 싶으면 그래도 돼."라고 아들에게 말했지만, 아이는 여느 때처럼 등교했다가 모든 수업에 출석하고 집으로 왔다.

"왜 시위에 가지 않았어?"

내가 묻자 아들이 답했다.

"엄마랑 아빠한테 벌금을 물릴 거 아냐."

영국에서는 관공서가 인정하지 않는 이유로 아이를 결석시킬 경우 부모가 지방자치단체에 벌금을 내야만 한다. 부모양쪽에 모두 벌금을 부과하는데, 각자에게 60파운드^{약 9만 원}씩 청구한다. 21일 이상 벌금을 내지 않으면 한 명당 120파운드로 벌금이 상향되며, 그보다 오래 내지 않고 방치하면 벌

금이 최대 2,500파운드약 380만 원까지 치솟고 최장 3개월의 금
고형에 처해질 수도 있다.

봄 방학이나 여름 방학 같은 성수기에는 여행 경비와 숙박
비가 비싸다며 학기 중에 아이를 데리고 휴가를 가려 하는
부모들이 있는데, 그러지 못하게 막으려고 만들어진 벌칙이
다. 브라이턴에도 '학교 결석 벌금School Absence Fine'이 있으며 지
자체의 홈페이지에 다음처럼 규정되어 있다.

벌금 부과의 사례

다음과 같이 아이의 출석에 이상이 생길 경우 벌금을
부과합니다.

★ 학기 중에 아이를 데리고 여행을 간다.

★ 아이의 의사로 학교에 가지 않는다. 이는 무단결석
으로 간주한다.

★ 6주 사이에 6회 (오전 수업 및 오후 수업을 합쳐서
6회) 이상 아이가 출결을 확인한 뒤에 지각한다.

★ 아이가 한 학기에 사흘 이상 (오전 수업 및 오후
수업을 합쳐서 6회 이상) 결석한다.

유럽 대륙에 사는 친구에게 결석 벌금에 대해 이야기하자

"거짓말이지?"라며 할 말을 잃기도 했다. 이런 제도에 힘겨워하는 사람은 당연히 가난한 부모다. 그래서 부유하지 않은 가정의 아이들은 늘 이 벌칙에 대해 걱정한다.

"다들 자기 의사로 시위에 참가하면 무단결석이라서 부모님이 벌금을 내야 한다고 했어. 그래서 시위에 참가하고 싶지만 참은 애들이 많아. 나만 그런 게 아냐."

아들이 말했다.

형형색색 플래카드를 들고 "기후 변동보다 제도 개혁을!" "개혁이 필요해! 지금이야말로 제도 개혁을!"이라고 큰 소리로 외치며 즐거운 듯이 행진하는 학생 시위대의 모습을, 아들은 거실에서 무릎을 감싸 안은 채 저녁 뉴스로 보았다.

거시적인 뉴스는 땅바닥에 덩그러니 떨어진 닭꼬치의 고기 조각 따위는 절대로 전하지 않는다.

변두리로 밀려난 기분

요란했던 학생 시위의 다음 날, 아들과 함께 스포츠 용품점에 갔다.

에스컬레이터로 2층의 축구용품 코너에 도착했을 때, 친구와 함께 축구화를 구경하는 소년을 먼저 알아본 쪽은 아들이었다.

"어? 혹시…?" 하고 아들이 목소리를 내자마자, 소년도 우리를 알아채고 돌아보았다.

"오랜만이네. 이야, 진짜 많이 컸구나. 언제 이렇게 틴에이저가 된 거니."

내가 그렇게 인사하자 소년은 쑥스럽다는 듯이 웃음을 지었다.

매일 함께 버스로 초등학교에 다니던 무렵과 조금도 달라지지 않은, 시원한 웃음이었다. 지난달에 행방불명되었다가 찾았지만, 결국 위탁 부모에게 맡겨진 여자아이의 사촌이다.

앞서 말했듯 영국에는 공영주택지에 살며 경제적으로 풍족하지 않은 사람들을 '차브'라고 부르면서 스테레오타입으로 일반화하는 풍조가 있다. 하지만 그중에는 이 소년처럼 중산층 아이보다 훨씬 외견이 깔끔한 아이도 있다.

"정말 오랜만이네요."

소년이 멋쩍어하며 말했다.

"축구화 찾고 있어?"

"엄마랑 같이 오지 않았으니까 오늘은 못 사지만 어떤 게 좋은지 봐두려고."

"헉, 사이즈가 7 260밀리미터이야? 나는 이제 겨우 3 225밀리미터
인데."

소년이 들고 있던 축구화의 사이즈를 본 아들이 깜짝 놀
라 말했다.

"진짜? 3을 신는다고? 내가 초등학교 4학년 때 신던 사이
즈인데."

서글서글하게 웃으며 아들을 놀리는 소년의 얼굴을 보고
있으니 왠지 나까지 좀 기뻤다. 그래서 "엄마랑 이모는 잘 지
내니?" 같은 야만스러운 질문은 하지 말자고 마음먹었다.

아이들의 일상은 계속된다. 어른의 일상도 계속된다. 그걸
로 충분하다.

소년과 그 친구와 아들까지 세 명은 사이좋게 벤치에 앉아
서 각자 진열대에서 가져온 축구화를 바닥에 놓고 "그거 멋
있다."라든가 "메시가 신는 모델의 신제품이야?"라며 신어보
기 시작했다.

"하프 팀에는 뭘 하면서 보낼 거야?"

"축구 연습이랑 시합이 있어."

"그렇구나. 저기, 어제 시위에 갔었어?"

아들이 묻자 소년과 그 친구가 고개를 저었다.

"우리는 못 갔어. 학교가 허락하지 않았거든."

"어? 우리랑 같네. 상위 학교는 전부 허가한 줄 알았어."

"우리는 안 된대. 교장 선생님이 허락하지 않았다나."

학생들의 시위 참가를 허용하지 않았다니, 역시 엄격한 가톨릭 중학교다웠다. 최상위권 학교에는 구 밑바닥 중학교와 다른 그들만의 사정이 있는 것이다. 교육열이 뜨거운 부모들이 학업에 지장을 준다고 항의할지도 모르는데, 시위 참가를 허락할 수는 없었겠지.

결국 아들이 원하는 축구화는 맞는 사이즈가 없었다. 우리는 소년들과 작별 인사를 나누고 아래층으로 향했다.

"가톨릭 학교 애들도 시위에 못 갔다는 말을 듣고 좀 안심했어."

에스컬레이터로 내려서며 아들이 말했다.

"너희만 시위를 즐기지 못한 게 아니라서?"

내가 묻자 아들이 고개를 푹 숙인 채 답했다.

"좀 슬펐어. 성적이든 뭐든 잘나가는 학교 애들은 전부 시위에 참가하는데, 별 볼 일 없는 학교는 허락해주지 않으니까 우리만 따돌림을 당하는 것 같고 소외되는 느낌이었어."

"그런 기분을 '주변화되었다marginalized'라고 해."

내 말에 아들이 다시 질문했다.

"변두리margin로 쫓겨난 느낌이라는 거야?"

"맞아."

아들은 한동안 뭔가 곰곰이 생각했는데, 에스컬레이터가 아래층에 도착할 무렵 내 쪽을 빙글 돌아보며 말했다.

"그래도 그 형이 아무렇지 않은 것 같아서 다행이야."

"그러게."

"그 누나는 위탁 부모 집에서 학교를 다닌대. 가끔씩 복도나 식당에서 마주친다고 했어."

"어? 언제 그런 얘길 했어?"

"엄마가 잠깐 카운터에 신발 사이즈가 있는지 물어보러 갔을 때."

"그렇구나. 그러면 시내에 사는 위탁 부모한테 맡겨졌다는 거네."

"응, 전학 가지 않아도 돼서 운이 좋았다고 했어."

아들과 나란히 가게 밖으로 나가는데 2월답지 않게 약간 봄기운이 있는 햇볕이 내리쬐었다.

보도에 녹황색 전단지가 몇 장 떨어져 있었다. 어제 시위에서 배포한 것 같았다. 신발 자국이 남은 전단지에는 국제 환경보호단체 그린피스의 로고를 흉내 낸 듯한 글씨체로 "지구온난화를 막기 위한 학교 파업!"이라고 인쇄되어 있었다.

아들은 한 장을 집어 들더니 말없이 바라보았다. 그리고 전단지의 뒷면도 살펴보면서 걷다가, 이내 휙 던져버렸다.

지금은 블루보다 그린이야

일주일 동안의 하프 텀이 끝나자 아들은 갑자기 밴드 활동에 열중하기 시작했다.

나 역시 열다섯 살 무렵에는 날이 가는 줄도 모르고 밴드 활동에 푹 빠져 있었다. 내 고향인 후쿠오카가 일본에서도 손꼽히는 음악의 도시였기 때문이다. 내가 10대였던 시절에는 후쿠오카에서 비롯된 '멘타이めんたい° 록'이라는 장르가 있을 정도였다.

언젠가 내 아들도 나와 같은 길을 걷지 않을까 막연히 생각했지만, 설마 열두 살에 밴드를 결성할 줄은 몰랐다. 역시 요즘 애들은 무엇이든 빠르다.

음악부에서 착실히 기타 연습을 해온 아들은 마찬가지로 음악부에서 드럼, 베이스, 키보드를 연주하는 소년들과 밴드를 결성했다. 방과 후 학교 음악실에서 연습하거나, 작은 스튜디오가 있는 악기점 아들(드럼 담당)의 집에서 리허설을 하는

° 일본어 '멘타이'는 명란을 뜻하는데, 후쿠오카를 대표하는 특산물 중 하나가 명란이다.

모양이었다.

처음에는 밴드 이름을 '그린 이디어트Green Idiot'로 하겠다고 했는데, 미국 밴드 그린 데이Green Day와 그들의 앨범 '아메리칸 이디어트American Idiot'를 짬뽕한 게 뻔히 보였다. 그래서 너무 대충 지은 이름이라 촌스럽다고 반대했다. 물론 잘 생각해보면 그린 이디어트, 즉 '초록 멍청이'라는 이름에는 환경문제 시위에 참가하지 못한 르상티망ressentiment°을 분출하는 느낌이 있어 제법 펑키한 느낌이 없지도 않았다. 하지만 그렇게 지금 당장의 일을 모티프로 밴드 이름을 정하는 건 좋지 않기 때문에 역시 좀더 장기적인 안목으로 생각하는 게 좋다고 조언했다.

아들네 밴드가 연주하는 음악의 장르는 '펑크 랩'이라고 한다. 정말로 그런 장르가 있는지, 아니면 아들과 동료들이 적당히 만들어냈는지는 모른다. 간단히 말해 유명한 펑크 밴드의 곡을 카피해서 연주하면, 언덕 위 고층 공영단지에 사는 아들의 친구 팀이 랩을 읊는 것이다.

악기 연주를 배운 적이 없는 팀은 음악부에 들어가지 못했는데, 아들이 밴드를 결성해 방과 후마다 연습하면서 함께 집에 갈 수 없게 되자 "나도 밴드 하고 싶어."라고 말을 꺼냈다. 그래서 급작스레 래퍼로서 밴드에 참가한 것이다.

° 원한, 증오, 질투 등이 반복되며 마음속에 쌓인 상태. 혹은 (자기보다 형편이 나은 사람들에 대한) 막연한 분노.

기존 곡을 따라 하는 것도 금세 질렸는지 아들네 밴드는 자신들만의 곡을 만들기로 했다. 예전에 아들이 할아버지의 분재를 주제로 곡을 썼던 것이 떠올라서 조금 불안했는데, 아니나 다를까 아들이 만든 곡을 연습한다고 했다.

"무슨 곡이야?"라고 묻자 아들이 알려주었다.

"주변화."

"들려줘."

아들은 좀 수줍어하면서 휴대전화를 꺼내 연습 중에 녹음했다는 곡을 재생했다.

약간 샴 69 $^{Sham\ 69°}$와 닮은 듯한 단순하면서도 기운 넘치고 펑키한 도입부가 시작되었다. 제법 잘한다고 생각하며 듣는데, 전혀 예상하지 못한 시점에 느닷없이 팀의 랩이 끼어들었다.

우리도 데모에 가고 싶었어
플래카드를 만들어 가고 싶었어
하지만 우리는 가난뱅이에 불량한 꼬맹이들이니까
우리는 멍청하고 감당할 수 없는 꼬맹이들이니까
데모에 가는 게 금지되었어

。　1975년 결성되어 지금까지 활동 중인 영국의 펑
크 록 밴드.

그건 부자 아이들의 운동

그건 착한 아이들의 운동

우리도 플래카드를 들고 쿨하게 거리를 걷고 싶었어

우리도 이 별의 미래를 위해 큰 소리로 외치고 싶었어

이 기분은 주변화, 우리는 주변화

느끼는 거야, 주변화 주변화

언제나 그랬어, 주변화 주변화 퍼킹 주변화

팀이 "주변화"를 반복하는 부분에서 아들과 베이스를 담당하는 아이가 "우우우." 하며 코러스를 넣었다. 그런데 제대로 화음을 이루기는커녕 음정이 완전히 어긋나서 마치 호러영화의 배경음악 같은 불협화음을 자아냈다. 나도 모르게 웃음이 터졌다. 좀 너무했나 싶어서 눈치를 보았지만 아들 역시 웃고 있어서 거리낌 없이 폭소했다.

"하하하하, 엉망진창이지만 좋은데? 랩의 가사는 누가 쓴 거야?"

"나랑 팀."

"하하하, 역시 밴드 이름은 그린 이디어트가 좋겠다. 이 원한을 출발점 삼아서 돌진한다! 엄마는 이런 느낌이 들어."

"그런데 밴드 이름은 '제너레이션 Z'가 좋을 것 같다는 의견도 있어."

"그것도 너무 무난하지 않나? '제너레이션 X'를 따라 한 것 같고. 그런 밴드가 옛날에 있었거든."

간신히 나도 포함되는 X세대, 그리고 '밀레니얼 세대'라고도 불리는 Y세대를 이어서 2000년대에 태어난 Z세대는 분명히 아들 또래를 가리키는 말이다. '디지털 원주민'이라고 하는 그 세대를 영국에서는 '코즈모폴리턴cosmopolitan, 세계주의자 세대'라고도 부른다. 아들네 밴드 역시 팀과 키보디스트는 영국인이지만, 아들은 아일랜드인과 일본인, 드러머는 영국인과 멕시코인, 베이시스트는 프랑스인과 이란인 등으로 부모의 인종이 서로 다르다. 자신의 사정이 그러니 일부러 비슷한 아이들과 어울리는 건지, 아니면 사정이 그런 아이들과 마음이 맞는 건지, 어쨌든 아들은 지금 그런 시기에 있다고 할 수 있다. 아니, 영국 자체가 그런 시대를 맞이했다고도 할 수 있겠다.

"아, 진짜네. 제너레이션 X라는 밴드가 있었구나… 그럼 역시 그린 이디어트로 해야 하나."

휴대전화로 검색해본 아들이 말했다.

"그린이라고 하니까 생각나는데, 엄마, 내가 예전에 쓴 낙서를 잡지에 연재하는 글의 제목으로 쓴다고 했지?"

"응, 나는 옐로에 화이트에 약간 블루."

"그 말 있잖아. 지금 생각하면 좀 어두운 거 같아."

아들은 그렇게 말하고는 휴대전화에서 시선을 들어 내 얼굴을 보았다.

"그때는 앞으로 새 학교에서 무슨 일이 있을까 불안했고, 인종차별 같은 일을 겪어서 좀 기분이 어두웠는데, 이제는 그렇지 않아."

"이제는 블루가 아닌 거야?"

"지금은 어떤가 물어보면… 그린."

아들의 말을 듣고 나는 웃음을 터뜨렸다.

"하하하, 그렇게까지 시위에 못 나간 원한이 깊은 거야?"

"아니, 물론 그린에 '환경문제'나 '질투'라는 의미가 있지만, '미숙'이나 '경험 부족' 같은 뜻도 있잖아? 내가 지금 그런 상태라고 생각해."

얼마 전 짧게 머리를 잘랐기 때문인지 아들의 얼굴이 갑자기 어른스럽게 보였다.

확실히 그럴지도 모른다. '부모의 인종이 다르니까, 이주민의 아이니까, 가끔씩 블루일 때도 있는 거야.' 하는 생각은 분명히 전근대적이다.

옐로에 화이트인 아이가 꼭 블루일 필요는 없다. 굳이 색깔로 말해야 한다면 그린이라는, 인종도 계급도 성적 지향도 관계없이 아들에게도 팀에게도 다니엘에게도 올리버에게도 다른 밴드 멤버들에게도 공통되는 아직 미숙한 10대의 색이 있을 뿐이다.

그렇게 생각하면 '그린 이디어트'라는 밴드 이름은 이중적인 의미로도 좋지 않을까. 내 생각을 전하려 했지만 아들은 이미 2층으로 올라가 자기 방에서 기타를 친다.

정말이지 아이라는 존재는 멈출 줄을 모른다. 쭉쭉 나아가며 끊임없이 변한다.

나는 옐로에 화이트에 약간 그린… 일단 지금은.

색깔은 틀림없이 앞으로도 계속 변할 것이다.

나는 옐로에 화이트에 약간 블루

차별과 다양성 사이의 아이들

초판 1쇄 발행 2020년 3월 20일

초판 19쇄 발행 2024년 8월 19일

지은이 브래디 미카코

옮긴이 김영현

펴낸이 김효근

책임편집 김남희

펴낸곳 다다서재

등록 제2019-000075호(2019년 4월 29일)

전화 031-923-7414

팩스 031-919-7414

메일 book@dadalibro.com

인스타그램 @dada_libro

이 도서의 국립중앙도서관 출판예정도서목록(CIP)은 서지정보유통지원시스템 (http://seoji.nl.go.kr)과 국가자료공동목록시스템(https://www.nl.go.kr/kolisnet)에서 이용하실 수 있습니다. (CIP제어번호: CIP2020008746)